Peter Thomas Ruggenthaler

LAO TSE
Das TAO der Stärke

Peter Thomas Ruggenthaler

LAO TSE
Das TAO der Stärke

Meditationen für Manager

Amalthea

Besuchen Sie uns im Internet unter
http://www.amalthea-verlag.de

Schutzumschlaggestaltung: Kurt Hamtil, verlagsbüro wien
Kalligraphie auf dem Schutzumschlag: Li Guoqin
Kalligraphie und Übersetzung des Textes auf Seite 5: Li Shuhong
Karte auf Seite 33: Atelier Pleyel
Herstellung: studio e, Josef Embacher
Gesetzt aus der 11,5/15 pt Goudy
Gedruckt in der EU
ISBN 978-3-85436-386-6

我从垛塌的八达岭拾得一块長城的
旧砖。我愿获得这本書的读者親身
体会長城，为此，我将这块旧砖磨碾
成粉，分附于各書。
以这种形式，此書的一部份是長
城的一块旧砖。

鲁根塔勒题
李述宏録

Ich habe aus der Großen Mauer von Badaling, welche dort ganz verfallen ist, einen Stein herausgebrochen. Ich möchte, daß der Leser mit der Großen Mauer in körperlichen Kontakt kommt, wenn er dieses Buch zur Hand nimmt. Der Stein aus der Großen Mauer wurde darum zermahlen und den Werkstoffen für dieses Buch hinzugefügt.

Dieses Buch besteht solcherart zu einem Teil aus einem Stein von der Großen Mauer.

Inhalt

Zum Geleit

„Höre mein Sohn, auf die Weisung des Meisters, neige das Ohr Deines Herzens, nimm den Zuspruch des gütigen Vaters willig an und erfülle ihn durch die Tat!“ Mit diesen Worten beginnt die Regel des Heiligen Benedikt, nach der ich als Cistercienser von Heiligenkreuz zu leben versuche. Gerade für einen benediktinischen Ordensmann ist es faszinierend, die 81 Kapitel von Lao Tses Schrift „Das TaO der Stärke“ den 73 Kapiteln der Regel des Heiligen Benedikt gegenüberzustellen. Es steht außer Frage, dass Lao Tse aus seiner hochstehenden Ethik in großer Demut, jedoch in Ermangelung einer Offenbarung im TaO wohl nur ein höchstes metaphysisches Prinzip erahnen kann. Demgegenüber geht der Heilige Benedikt in seinem Denken von einer gegebenen und gefühlten Offenbarung aus und von der Menschwerdung Gottes.

Die feinsinnige Art des Staatsarchivars in einem großen Reich zur Zeit der „Frühlings- und Herbstannalen“ oder zur Zeit der „Streitenden Reiche“ hebt sich jedoch deutlich ab von der seiner Zeit gemäßen Direktheit des Heiligen von Monte Cassino.

Es findet sich indes eine überraschende Vielfalt von Berührungspunkten. Begriffe wie „Unterscheidung der

Geister“, „Bedürfnislosigkeit“ und „Erkenntnis der eigenen Schwäche“ sind kennzeichnend für beide Werke. Grundsätze wie das Schweigen und das Nichtwichtignehmen von Besitz finden sich bei Benedikt gleich wie bei Lao Tse.

Die eigene Schwäche zu erkennen, in Einfachheit zu leben und aus dieser Haltung für andere Positives zu erwirken, sind deutliche Parallelen. So entsteht über ein Jahrtausend hinweg – fünfhundert Jahre vor und fünfhundert Jahre nach Christi Geburt – ein auffallender Gleichklang.

Und dieser Gleichklang reicht noch einmal fünfhundert Jahre weiter zum Heiligen Bernhard von Clairvaux, wenn dieser sagt: „Im Glück fühlt sie das Unglück voraus, im Unglück ist sie, als fühlte sie nicht. So trägt sie Starkmut und Klugheit in sich.“ So der Text aus dem Buch des Heiligen Bernhard über die Selbstbesinnung (De consideratione), der Gedanken aus dem TaO der Stärke aufzunehmen scheint.

Aber auch geistesgeschichtlich gibt es eine Wirkung über 1.500 Jahre hinweg auf Niccolò Machiavellis „Il principe“ und ebenso zu den Exerzitien des Heiligen Ignatius von Loyola. Schließlich sehe ich noch die stilistische Verbindung in das 20. Jahrhundert zu Ludwig Wittgensteins „Tractatus logico-philosophicus“.

Dieser Gleichklang über Zeit und Raum wird bei Beachtung von Ruggenthalers Hinweis auf die „Achsenzeit“ nach Mumford und Jaspers verständlich.

Diese „Achsenzeit“ fällt wohl mit der Lebenszeit des Lao Tse zusammen, wo an vielen Stellen der Erde gleichzeitig große kulturelle und zivilisatorische Entwicklungen eingesetzt und sich ausgetauscht haben. In unserer Zeit hat das II. Vatikanische Konzil in seiner Erklärung „Nostra aetate“, die entscheidend von Franz Kardinal König geprägt wurde, die Christen und gerade die Katholiken ermuntert, religiösen und ethischen Traditionen vor dem Christentum und parallel zum Christentum mit großer Hochachtung zu begegnen und das Wahre und Heilige in ihnen zu suchen. Ich bin sicher, dass dieser Auftrag in ganz besonderer Weise für das „TaO der Stärke“ des Lao Tse gilt.
Aus vollem Herzen kann ich daher Christen im Allgemeinen und benediktinischen Ordensleuten im Besonderen die Lektüre dieses Buches nahe legen.
Ich beglückwünsche Peter Thomas Ruggenthaler zu der vorliegenden auch sprachlich ausgezeichneten deutschen Fassung dieses bedeutenden Werkes und dazu, dass dieses Buch offensichtlich so gut angenommen wird, dass wiederum eine Neuauflage erscheint. Ich wünsche mir auch weiterhin einen intensiven Dialog mit ihm über seinen Humanismus im Pantheismus und meinen Versuch des Christseins.

Im Jänner 2007
Gregor Henckel Donnersmarck
Abt von Heiligenkreuz

Vorwort

Das „TaO Te Ching“, das „TaO der Stärke“, wird Lao Tse zugeschrieben. Die Weisheit dieses Hofarchivars der Dynastie der Zhou soll schon zu seinen Lebzeiten weithin berühmt gewesen sein – so sehr, daß auch der viel jüngere Kung Tse, im Westen besser als Konfuzius bekannt, das Gespräch mit Lao Tse gesucht und ihn in Lo getroffen haben soll. Wenig ist uns davon bekannt; das Wort, das Lao Tse an Kung Tse gerichtet hat, wird so überliefert:

*„If the Superior Man is not born out of due time, he rises; if so, then he only meets with entanglements and wanders to and fro. Is it not so, that a clever business man hides his wares deeply, as if they did not exist; that the Superior Man, who excells in moral strength, assumes an attitude as if he were ignorant. Thus give up your haughtiness, your numerous desires, your affected deportment and your ambitious plans. All that is worthless to the wise man. This I have to tell you, Sir, and that is all.“**

* „Wenn der Erhabene nicht zur falschen Zeit geboren wird, so steigt er auf; sonst aber gerät er nur in Verstrickungen und wandert voller Unrast hin und her. Ist es nicht so, daß ein geschickter Geschäftsmann seine Waren so gut versteckt, daß es aussieht, als besitze er nichts; daß der Erhabene, der voller Tugend ist, sich den Anschein der Einfalt gibt? Gib also deinen Hochmut auf und deine Wünsche, dein geziertes Gehabe und deine ehrgeizigen Pläne. All dies hat für den weisen Mann keinen Wert. Dies habe ich dir zu sagen, und das ist alles.“

Als der viel jüngere Kung Tse seinen Schülern berichtete, was sein Eindruck von Lao Tse sei, sagte er:
*„Birds, I know can fly; fish, I know can swim; animals, I know can run. The running ones one catches in traps; the swimming ones with nets; the flying ones one shoots with arrows. But the dragon, concerning him, I cannot understand, how he, riding on the wind and the clouds, ascends to heavens. Today I saw Lao Tse: Does he not resemble the dragon?"**
Nach dem Lesen der Schriften des Lao Tse versteht sich dieser „Drachen" als der Überlegene Geist ohne Widerspruch, weil die Sinnsprüche, die er im „TaO Te Ching" niedergelegt hat, in ihrer Vieldeutigkeit wohl das „Reiten auf Wind und Wolken" verstehen lassen, in ihrer Freiheit aber für jenen, der sie verstehen will, ein Stück des „Erhebens in den Himmel" bedeuten.
In einer Zeit der vorgegebenen Denkmuster und teils nur mehr gedanklicher Suchraster ist das „TaO Te Ching" ein heilsames Innehalten, wenn die Sinnsprüche in ihrem Wert nachgedacht werden und wenn für den „Umgang mit Menschen" das zoon politikon an der Spitze sich nach diesem Weisen des Altertums richtet.

* „Ich weiß, daß Vögel fliegen; ich weiß, daß Fische schwimmen; ich weiß, daß Landtiere laufen. Jene, die laufen, fängt man mit Fallen; jene, die schwimmen, mit Netzen; auf jene, die fliegen, schießt man mit Pfeilen. Was aber den Drachen betrifft, so kann ich nicht verstehen, wie er sich – auf Wind und Wolken reitend – in den Himmel erhebt. Heute sah ich Lao Tse: Gleicht er nicht dem Drachen?"

Gut ist es und nützlich, sich darauf zu besinnen, daß diese Grundsätze schon vor so langer Zeit dargelegt worden sind und daß wir dem heute nicht viel hinzuzufügen haben außer der Erkenntnis, daß das seither hinzugekommene Wissen wohl nur zu der Kategorie der „Vögel, Fische und laufenden Tiere" gehört im Vergleich zum „Drachen" des „TaO Te Ching" von Lao Tse.

Das angebliche Zusammentreffen des Kung Tse mit dem viel älteren Lao Tse, den er mit einem Drachen verglich.

Einleitung

Es ist viele Jahre her, daß mich mein lieber, längst verstorbener Freund Valentin Hammerschlag mit den Lehren des Sun Tsu vertraut gemacht hat. Nach seinem freiwilligen Ausscheiden aus diesem Leben übergab mir seine Witwe eine alte französische Übersetzung der „Dreizehn Kapitel" des Sun Tsu. Ich habe dieses Buch gelesen und wieder gelesen und schließlich deutsche Übertragungen davon gesucht. Deren Form und Inhalt haben mich veranlaßt, selbst eine deutsche Fassung herauszugeben, von der ich meine, sie nütze den Klang und den Wortreichtum meiner Muttersprache, der „Kunst der Strategie", wie Sun Tsus Werk auch genannt wird, gerecht zu werden – so gut es eben geht. Selbst meine Freunde, die wenigen, die ich habe, sind der Auffassung, das sei sinnvolles Tun gewesen.
Die Studien des Reiches der Mitte, wie es damals allerdings noch nicht geheißen hat, und die Auseinandersetzung mit den „Dreizehn Kapiteln" des Sun Tsu und mit dessen Wurzeln haben mich auf Lao Tse und dessen „TaO Te Ching" gebracht, das für Sun Tsu ohne Zweifel eine zumindest ideelle Vorlage gewesen ist. Beim Studium des „TaO Te Ching" ist es mir so ergangen wie bei der „Kunst der Strategie": Ich habe ver-

schiedene Übertragungen in andere Sprachen mit dem Urtext verglichen und gesehen, daß die deutschen denen in französischer und besonders in englischer Sprache bei weitem unterlegen sind; ja, mehr noch – daß zumindest zwei zur Zeit vorliegende deutsche Fassungen in ihrem Wollen zur gründlichen Erklärung möglichst jedes einzelnen Satzes in schmerzhafter Weise dem Grundgedanken des „TaO Te Ching" widersprechen – der Freiheit des Geistes in Unvoreingenommenheit und dem Erkennen des hohen Wertes der Intuition.
Die teils dogmatisierenden deutschen Kommentare sind bei aller Wertschätzung der dahinter stehenden Quellenarbeit – wenn überhaupt – nur aus der Sicht der Zeit ihrer Entstehung verständlich. Die Übertragungen selbst mit dem kalten Hauch einer in Worte gegossenen Gründerzeit- und Kolonialmentalität und der daraus folgenden Linearität der Denkweise wie auch der Texte haben mich zu einer deutschen Fassung des „TaO Te Ching" bewogen.
Ich meine, daß die vorliegende Übertragung wohl nur eine Umsetzung des Sinnes von Ideogrammen in Worte und damit eine Verengung des Sichtfeldes des Originales sein kann, daß damit aber doch ohne allzu großen Verlust gegenüber dem Urtext ein Zutritt zu diesem möglich wird; und daß später sicher noch folgende deutsche Übertragungen bei schwierigen Passagen in meiner Fassung im Zweifelsfalle vielleicht nur

eine diskussionsfähige Wortwahl, nicht jedoch einen Widerspruch im Sinne selbst finden werden.
So meine ich auch den Gedanken von „Lau Dan“ (langes Ohr), wie Lao Tse auch geheißen haben soll, zu folgen und dabei das Bild einer höheren Ordnung ohne den Prokrustes-Rahmen eines anthropomorphen Theismus in den groben Strichen einer Sprache der Lettern nachzuzeichnen.

Lao Tse

Von seiner Person wissen wir wenig. Nicht einmal sein angeblicher Name Erl Li und sein späterer Gelehrtenname Be Yang gelten als sicher, der Name Lao Tse ist eigentlich kein Name, sondern eine Bezeichnung für „Der Alte".

Auch daß er in Luoyang am Hoang Ho in der Provinz Honan oder Han als Archivar bei Hofe gelebt und gearbeitet haben soll, ist nur aus späteren Quellen überliefert, etwa von Si Ma Tsien, einem chinesischen Historiker, der allerdings viel später – von 163 bis 85 v. Chr. – gelebt hat.

Während seiner Zeit in Honan oder Han soll Lao Tse mit Kung Tse zusammengetroffen sein, dessen Geburtsjahr mit 551 v. Chr. und dessen Todesjahr mit 479 v. Chr. angegeben wird. Wenn dementgegen den Angaben über Lao Tses Geburtsjahr mit 604 v. Chr. Glauben geschenkt wird, so wird bereits daraus die Unsicherheit von Zeitangaben betreffend die Person Lao Tses ersichtlich, und es kann ebenso gut auch anderen Literaturstellen gefolgt werden, die Lao Tses Geburtsjahr in der Periode der Streitenden Reiche (476–221 v. Chr.) ansetzen.

Kung Tse: in der Sprache des Westens Konfuzius genannt.

Lao Tse: Es gibt von ihm kein getreuliches Abbild. Deshalb bleibt diese Seite leer. Sein Bild möge vor dem geistigen Auge des Lesers entstehen.

Unabhängig davon, ob Lao Tse in der Mitte der Frühlings- und Herbstperiode (771–476 v. Chr.) oder eben in der darauffolgenden Periode der Streitenden Reiche gelebt hat – die Lebensbedingungen waren tatsächlich dergestalt, daß es verständlich ist, wenn berichtet wird, daß Lao Tse sein Amt aufgegeben und die Abgeschiedenheit gesucht habe: Zur Zeit der Östlichen Zhou-Dynastie war wohl eine Hochblüte der Zivilisation erreicht worden, und es sind kulturelle Werte aus dieser Zeit auf uns gekommen, die in Aussage und Form uns heute wohl Vorbild sein könnten – etwa der Hirsch von Zeng in Suixian, die Flügelwesen von Zhoughsan in Pingshan und unzählige andere Kunst- und Kulturgegenstände.
Dennoch war es eine Zeit des Niederganges, und die Zustände in den Herrscherhäusern und in der Verwaltung waren dermaßen verkommen, daß „gut nicht mehr als gut und schlecht nicht mehr als schlecht" angesehen wurde.
Die diesbezügliche Schilderung des japanischen Historikers Dazai Shuntai ist sehr einprägsam, wonach das Volk zum Sterben zu stark und zum Leben zu schwach gewesen war und daß es zwar seine Lage unter einer unfähigen und verdorbenen Herrschaft erkannt habe, daß jedoch zu dieser Zeit im Volk keine Kraft mehr für Veränderungen gewesen sei. Die von Dazai Shuntai beschriebenen Verhältnisse kehren auch im „TaO Te Ching" immer wieder.

Am Ende des zweiten Jahrtausends nach der Zeitenwende, im Wissen um Krieg, Hunger und Not und im Ertragen der täglichen politischen Unwahrheit ist es uns leicht, die Verzagtheit eines Menschen und seinen Entschluß, diesen Zuständen den Rücken zu kehren, zu verstehen.

Dies habe Lao Tse eben getan, und er sei davor noch aufgefordert worden, seine damals schon angesehenen Lehrsätze niederzuschreiben. Nach Erfüllung dieser Forderung habe er das Land (Han) in Richtung Westen verlassen, und man habe nie mehr von ihm gehört.

Sosehr es uns demnach an Wissen um Lao Tse gebricht, sosehr muß es nachdenklich stimmen, daß die 81 Kapitel mit ihrem Inhalt wohl in die betreffende Zeit passen, daß jedoch die Person des Verfassers im Dunkel der Geschichte verborgen bleibt.

Und nachdenklich stimmen muß freilich auch, was die Zeit Lao Tses für das Reich der Mitte (wie es erst später hieß) und die anderen Teile der Welt bedeutet hat: Denn wenn die Lebenszeit des Lao Tse zwischen 600 und 500 v. Chr. angesetzt wird, dann muß auch hierfür das Modell der „Achsenzeit“ nach Mumford und Jaspers für die an vielen Stellen der Erde einsetzende sprunghafte kulturelle und zivilisatorische Entwicklung der Menschheit zu denken geben; und damit auch für das Umfeld des Lao Tse, wie weit es räumlich auch von den anderen nachfolgend genannten geschichtlichen Personen und ihren Regionen entfernt gewesen sein mag.

Der Beginn der „Achsenzeit", also die wahrscheinliche Lebenszeit des Lao Tse, war die Periode des Lebens und Wirkens von großen Persönlichkeiten der Menschheitsgeschichte.

Darunter waren

- Thales von Milet, der Philosoph aus Kleinasien,
- Sappho von Lesbos, die griechische Dichterin,
- Tarquinius Priscus, der eigentliche Gründer Roms,
- Glaukos von Chios, der Erfinder der Eisenverarbeitung,
- Necho von Ägypten, der Ersterbauer des Suezkanales und Veranlasser der ersten Afrikaumschiffung,
- Hesekiel, der Prophet in der Babylonischen Gefangenschaft,
- Jeremias, der Prophet in Juda,
- Anakreon von Ionien, der griechische Dichter,
- Xenophanes von Kolophon, der griechische Dichter und Theosoph,
- Zarathustra in Persien, der persische Religionsgründer,
- Solon von Athen, der Staatsmann und Gesetzgeber,
- Pythagoras von Samos, der griechische Philosoph,
- Anaximander und Anaximenos, die griechischen Philosophen,
- Theodoros von Samos, der Erfinder von Erzguß, Winkelmaß u. a.,
- Kyros, König von Persien, der Staatsmann, Organisator und Eroberer Babylons,

- Siddharta (Gautama) Buddha, der indische Religionsstifter,
- Äsop aus Phrygien, der Verfasser der Tierfabeln,
- Thespis von Athen, der griechische Dichter,
- Alkmaion von Kroton, der griechische Arzt und Philosoph,
- Hanno aus Karthago, der Admiral aus Nordafrika,
- Äschylos aus Eleusis, der griechische Dichter,
- Parmenides aus Elea, der griechische Philosoph,

um nur einige der bekanntesten zu nennen. Die Aufzählung ließe sich beliebig fortsetzen.

Es ist naturgemäß nicht möglich, Aussagen über Beziehungen geistiger Leistungen wie auch des Wissens zwischen so entfernten Kulturkreisen wie den vorangeführten in Europa, Afrika, Kleinasien und Asien zu machen. Es ist aber bemerkenswert, daß so viele Philosophen, Dichter und Naturwissenschaftler von bedeutendem Range in so kurzer Zeit auftraten und wirkten und daß es so viele Religionsschulen („Hundert Schulen" in China, „Sechzig Schulen" im indischen Subkontinent) in dieser Zeit gegeben hat, die wohl auch den Boden für Arbeiten wie jene des Lao Tse vorbereiteten.
Besonders hervorzuheben ist, daß sich in dieser Zeit bereits eine Abkehr vom Anthropo-Theomorphismus abgezeichnet hat, die für uns nach etwa 2600 Jahren angesichts der herrschenden Religionslehren noch

nicht erreichbar scheint. Die Erkenntnis aus alledem ist, daß die Zeit des Lao Tse uns näher ist, als wir meinen, und daß seine Lebensumstände den unseren weit ähnlicher sind, als sie scheinen.
Darum ist auch der Meinung beizupflichten, die geschichtliche Wesenheit des Lao Tse als Person sei letztlich ohne Bedeutung, das „TaO Te Ching" als Werk sei bedeutsam genug, unabhängig davon, ob es auf einen einzigen Verfasser oder auf mehrere Autoren zurückgehe oder gar nur eine spätere Zusammenfassung alter Lehrweisheiten und Sinnsprüche aus der Zhou-Periode sei.

Wer immer geschrieben hat:

„Verwirf was hochgeachtet
und laß ab von kühnen Plänen
Das Volk wird vielfach davon Nutzen haben
Verwirf die Fürsorge
und laß ab von den Moralbegriffen
Das Volk wird wieder zu Natur
und Verständnis kommen
Verwirf Durchtriebenheit und laß ab von Habgier
Dann werden selbst die Diebe bald verschwinden"

der hat als einzelner oder in einer Gruppe dargelegt, was seiner Zeit wie auch unserer Zeit am meisten not tut: „die Rückkehr zur Schlichtheit, das Erkennen der Reinheit, die Abkehr von der Selbstsucht und das Beschränken der Begierden".

Zur Geschichte des Reiches der Mitte

Im Osten Asiens, südlich der Wüste Gobi, östlich des Mekong und bis an das Gelbe Meer reichend, entstand die vierte der vier Hochkulturen der Alten Welt – benannt nach der Dynastie der Shang. Das Kernland dieser Entwicklung lag in den Niederungen des Hoang Ho. Ab 1800 v. Chr. beherrschten die Shang ein großes Reich, das bis in das 11. Jahrhundert vor der Zeitenwende Bestand hatte. Diese erste Hochkultur westlich des Gelben Meeres reicht in die Zeit der wenig bekannten Xia-Periode und darüber hinaus bis etwa 3000 v. Chr. zurück, ab da sind gesellschaftliche Strukturen erkennbar. Von der darauffolgenden Longshan-Periode, etwa 2500–1800 v. Chr., haben wir bereits bessere Kunde aus Keramik- und Bronze-Funden. Damals entstanden schon größere Ansiedlungen mit Mauern ringsum als Schutz gegen Feinde.
Die Hauptstädte der folgenden Shang-Dynastie waren unter anderen Zheng Zhou und Anyang. Dort wurden auch die wesentlichsten Funde aus der Shang-Periode gemacht: Palastbauten auf Erdplattformen. Besonders in Anyang geben die Grabfunde aus der späteren Shang-Zeit Aufschluß über den damals bestehenden

Unterschied zwischen Herrschaft und Untertanen, zwischen Reich und Arm. Die herrschende Schicht und ihr Reichtum sind an den besonders reichen Grabbeigaben einer Shang-Herrscherin erkennbar, bestehend aus 16 Menschenopfern, 7000 Kaurimuscheln und Hunderten von Bronze- und Jadegegenständen von erlesener Qualität.

Vom Ende der Shang-Periode liegen Funde von Bronzegefäßen mit Aufschriften vor. Aus diesen und aus unzähligen beschrifteten Orakelknochen ergibt sich das Bild einer hierarchisch streng gegliederten Gesellschaft. Das Handwerk wurde durch die Nachfrage an Gütern seitens der Oberschicht gefördert und entwickelte sich zu einer Hochblüte, die kunstvoll gegossene Bronzegefäße hervorbrachte, deren Technik in der Herstellung und Ausfertigung ebenso erstaunen lassen wie die hervorragenden Steinskulpturen und Jadeschnitzereien. Auch die Verzierung von Holzgegenständen mit Lackauflagen ist aus der Spätzeit der Shang bekannt. Diese Hochkultur hielt bis zum Ende der Shang-Periode im 12. Jahrhundert vor der Zeitenwende an. Zu dieser Zeit kamen die Zhou vom Wei-Fluß und stürzten die Dynastie der Shang. Die Zhou waren zuvor den Shang botmäßig und behielten das Lehenswesen der Shang bei, wobei sie die Lehen an die Mitglieder ihrer Familien und an Kampfgefährten vergaben. Der erste Herrscher der Zhou, Wu Wang, herrschte in der neuen Hauptstadt Hao am Wei-Fluß.

China zur Zeit der „Frühlings- und Herbstannalen", etwa 770–476 v. Chr.

Die Dynastie der Zhou hatte nahezu 800 Jahre Bestand, sie dauerte bis 256 vor der Zeitenwende. Die frühe (westliche) Dynastie der Zhou dauerte bis 771 v. Chr. und war noch von der Kultur der Shang bestimmt: Auf Bronzegefäßen finden sich die gleichen Schriftzeichen wie zur Zeit der Shang. Im Jahre 770 wurde der Sitz der Zhou-Dynastie nach Luoyang verlegt. Ab diesem Datum redet man von der Östlichen Zhou-Dynastie. Diese Periode ist durch zahllose Kriege der vielen kleinen Staaten um die Vormacht gekennzeichnet, andererseits aber auch durch bedeutende Entwicklungen wie die Eisenverhüttung und die Herstellung von Waffen, Werkzeug und landwirtschaftlichen Gerätschaften aus diesem Metall. Die Frühjahrs- und Herbstperiode dieser Epoche ist nach Aufzeichnungen benannt, die die Zeit von 771 bis 476 v. Chr. und ihre Ereignisse beschreiben.
In dieser Zeit soll Lao Tse geboren sein, ebenso Kung Tse, der uns besser als Konfuzius bekannt ist. Diese Epoche brachte außer großen zivilisatorischen Entwicklungen auch ein bedeutendes Kunstschaffen hervor, besonders die Lackarbeiten und die Seidenmalerei sind hierfür bezeichnend. Um etwa 500 v. Chr. entwickelte sich ein ausgeprägtes Münzwesen: Die Münzen hatten die Form von kleinen Spaten in der Länge von zwei Daumenbreiten, später jene von Messern, und noch später hatten sie die Gestalt von runden Scheiben.

Unzählige Funde von Waffen und Befestigungsanlagen aus der nachfolgenden Periode der Streitenden Reiche, die bis 221 v. Chr. andauerte, weisen auf die endlosen Kriege und Feldzüge hin, die von den fünfzehn großen Reichen geführt wurden, der Zhou am Hoang Ho, der Qin im Westen am Wei-Fluß, der Yan im Nordosten, der Jin im Norden der Zhou, der Qi im Gebiet der früheren Shandong, der Lu und Song im Süden der Qi, der Lao, der Zheng, der Chen und Lai, der Wei, der Lu und der Wu und Yue.

In dieser Periode der Streitenden Reiche entstanden im Norden der Gebiete der Yan und der Jin verschiedene große Befestigungen gegen die andauernden Einfälle der Nomaden. Diese Bedrohung aus dem Norden und die zunehmende Stärke der südlichen Reiche bewogen die nördlichen Reiche zu einem Bündnis ihrer Staaten, welches das „Reich der Mitte" genannt wurde und dessen Bezeichnung als „Zhongguo" noch heute die Eigenbezeichnung des Reiches der Mitte ist. Die endlosen Kriege um politische Vormacht und um Besitz von Eisen, Salz und kostbaren Dingen kamen erst dann langsam zu Ende, als der Staat Qin am Oberlauf des Wei-Flusses seine Krieger mit eisernen Waffen ausrüstete und die Kraft seines unverbrauchten Volkes gegen andere Reiche und nachher gemeinsam mit diesen gegen die Zhou einsetzte. Die Krieger der Qin mit ihren neuzeitlichen scharfen und scharf bleibenden Waffen schlugen die Zhou im Jahre 256 v. Chr.

vernichtend und beendeten damit deren Dynastie. Der Herrscher der Qin ernannte sich im Jahre 221 selbst zum ersten Kaiser von Qin, zum Qin Shi Huang Di. Er, der vorher Ying Zheng geheißen hatte und als Herrscher von Qin im äußersten Westen der Reiche über ein als rückständig und barbarisch-kulturlos geltendes Reich gebot, hatte nach den anderen Feudalstaaten nun auch Wei, Chu, Yan und zuletzt Qi erobert. Er gab dem neu entstandenen Reich, das von der Mongolei und dem südlichen Chang Jiang, dem Jangtse, bis zum Gelben Meer reichte, den Namen seines Reiches Qin. In seiner Sprache lautete dieses Wort TSHIN, wovon der heutige Name China kommt.

Das Buch

Das Buch ist kein Buch – es ist eine Folge von später mit Titeln versehenen Abschnitten, deren Inhalt meist nur als Gleichnis aufzufassen ist und das erst nach ernsthafter Beschäftigung mit allen Abschnitten und dem Vergleich der bildhaften Gleichnisse für uns im Westen zu verstehen ist. Die Vieldeutigkeit der Ideogramme und das Fehlen syntaktischer und grammatikalischer Hilfen lassen nur die Grundzüge der Gedanken einer fernen Zeit und eines fremden Landes verständlich werden.
Dem Verständnis dient jedoch, daß im Text vielen Bildworten ein durchgehend gleich anwendbares Denkschema – ein Bildsinn – zugrunde liegt.
Dies gilt vor allem für das Wort TaO. Das Wort wird in der vorliegenden Fassung mit TaO an sich unrichtig geschrieben; dies hat den Sinn, das Wort als Schlüsselwort hervorzuheben. Der Begriff des TaO ist im Chinesischen nicht ein einfacher Wortsinn, sondern die Beschreibung eines rechten Verhaltens nach den Gesetzen der Natur. Das Wort wurde also nicht übersetzt, sondern als Begriff durch eine auffallende Schreibweise hervorgehoben. Nichts anderes erscheint dazu nützlich, wenn das Piktogramm für TaO

eigentlich den „höheren Sinn, gemeinsam mit den Füßen auf einem gemeinsamen Weg“ symbolisiert: der Kopf des Herrschers mit dem Zeichen laufender und stehender Füße.

Demgemäß ist auch die Übertragung der Bezeichnung „TaO Te Ching“ in sich schon vieldeutig:

TaO – Stärke – Lebenskraft, TaO – Stärke – Sammlung, TaO – Stärke – Inhalt, TaO – Stärke – Abstrakt etc. Viele andere Folgen sind richtig.

Wenn nun aber die Bedeutung des Zeichens „TaO“ mit „Te“, der „Stärke“, als abstraktem Begriff im Sinne des Buches verknüpft wird, dann ergibt sich ohne Zweifel daraus „Das TaO der Stärke“ mit dem Nutzen der Stärkung der Kraft des Individuums: Das „Te“ bezieht sich auf jene Stärke, die daher rührt, zur rechten Zeit und am rechten Ort in der rechten mentalen Verfassung zu sein.

Das Wortsymbol „Ching“ bedeutet dabei dauerhaft bestehend oder klassisch und stammt wie der ganze Titel aus späterer Zeit.

Das Werk des Lao Tse wird oft als Ursprung des Taoismus angesehen, was in zweifacher Hinsicht falsch ist: Zum einen ist der uns heute bekannte Taoismus mit dem „TaO Te Ching“ in keiner Weise in Zusammenhang zu bringen, zum anderen ist der Taoismus, von dem wir heute reden, eine animistische Volksreligion. Im Christentum und in anderen Religionen werden solche Animismen wie der rezente Taoismus als Irr-

glauben und Aberglauben abgetan – dies im Nichtbeachten, daß gerade im Christentum eine noch mehr entmündigende Kultform in Form des dogmatisierten Anthropo-Theomorphismus entstanden ist im Vergleich zu den animistischen Kulten, die einfach den Glauben an die Beseeltheit der Natur als Vorstufe für den Glauben an die Allbeseeltheit, also den Animatismus, zum Inhalte haben.
An diesem Schnittpunkt ist die Weisheit und Lehre, wenn es denn eine Lehre ist, des Lao Tse zu finden: das „TaO“ als Inbegriff aller Naturgesetze, als Wirken des Universums und als naturgemäßer und ungestörter Ablauf aller Dinge. Und das Wissen, daß das Einswerden mit dem „TaO“ die Kraft („Te“) bedeutet, Unmäßiges zu mäßigen und damit das Gleichmaß als oberstes Ziel menschlichen Wirkens zu erreichen.

Meditationen für Manager

Wir sind alle Manager – Manager unseres persönlichen Lebens, unseres Familienlebens, unserer Gemeinschaften und manchmal auch größerer Bereiche wie Unternehmen, Parteien, Kammern, Gewerkschaften und militärischer und staatlicher Einheiten. Für alle diese Bereiche gelten die gleichen Grundgesetze des Managements in seinem Gesamtumfange, daß dieses nämlich Bewußtsein, Tätigkeit und Verantwortung dafür ist, daß geschieht, was zu geschehen hat im Sinne des verantworteten Bereiches.

Es ist demgemäß unter Management auch die Summe aller Maßnahmen zu verstehen, die mit der verantwortlichen Leitung eines Bereiches zusammenhängen, in dem ein Ziel erreicht werden soll. Die Zielerreichung ist dabei der Sinninhalt, der sich im wesentlichen immer an Wohlergehen und Harmonie orientiert – und demgemäß an der bestmöglichen Zusammenführung von divergenten Interessen, die immer gegeben sind, sobald mehr als die Interessen eines Einzelindividuums zu einem einzigen Zeitpunkte betroffen sind.

Der zielorientierte Umgang mit Menschen, also die Führung von Menschen, ist dazu notwendig. Die

Regeln dafür sind immer die gleichen, sie sind die Sequenz von Problem- und Aufgabendefinition, Zielvorgabe, Planung, Organisation und Kontrolle.
Wenn wir heute vom Management und vom Manager reden, dann assoziieren wir mit diesen Begriffen aber nicht den Strategos, den Vordenker im klassisch-griechischen Sinne des Feldherrn (der Stratege kommt von diesem Wort) und auch nicht den Kybernetes, den Lenker im gleichen Sinne der Alten als dem eines Steuermannes, wir assoziieren auch nicht die akademische Distanz des Strategen vom Tagesgeschehen und auch nicht die notwendige Gelassenheit des Steuermannes. Was wir im Management heute vielmehr sehen, ist Verfangenheit in Tagesgeschäfte, einhergehend damit Befangenheit, in der Folge Voreingenommenheit und damit Unsicherheit und damit wieder Anspannung und Streß mit allen Folgen. Es wird aus diesem Bild des in Kommunikationsnotwendigkeiten und Entscheidungszwängen verfangenen Managers geradezu ein Berufsbild dieser Kaste, und es geht der Blick verloren für die unausweichlichen Fehler, die daraus folgern.
Es steht zu befürchten, daß das Erfüllen dieses unrichtigen Berufsbildes oft zum Ziele derjenigen wird, die Managementpositionen besetzen – oder besser: mit denen Managementpositionen besetzt werden. Solche Personen prägen oft kraft ihrer politischen oder gesellschaftlichen Herkunft und damit Prominenz ein Vor-

bild, das für andere nachahmenswert erscheint. Diese Fälle sind uns allen nur zu gut bekannt: Die Fälle der verliehenen Autorität sind damit gemeint, die anstelle der verdienten Autorität getreten ist, da Politiker und Funktionäre mit Sinekuren – „Pfründen“ ist doch zu direkt – ausgestattet werden wie weiland eben Erzherzöge mit Leibregimentern, wo die Erzherzöge im Kindesalter ebensowenig Voraussetzungen für die verliehene Position mitgebracht haben wie heute all diejenigen, die als politische Angestellte der Gemeinschaft sich kraft verliehener Autorität zu Souveränen der Gemeinschaft berufen meinen.

Nun sind aber die Dinge, wie die Dinge sind, und es ist aus dem Gegebenen das Beste zu machen.

Dazu dient dieses Buch.

Darin ist nicht beschrieben, wie die Spielregeln des Managements lauten und wie sie anzuwenden sind.

Darin sind nicht die sechs Ebenen geistigen Potentials beschrieben, die wir anscheinend vergessen haben, wenn wir überhaupt noch von „Eignung“ im Zusammenhang mit Positionen und Autorität reden:

- die Ebene der Konkretheit,
- die Ebene der Cleverness,
- die Ebene der Intelligenz,
- die Ebene des Intellektes,
- die Ebene der Spiritualität,
- die Ebene der Moralität.

Ich weiß nun sehr wohl, daß die Bedeutung der Leistung auf den sechs Ebenen sehr unterschiedlich ist und daß für das Management die ersten drei Ebenen nur notwendige Voraussetzungen, aber keine differenzierende Qualifikation darstellen – wir verlangen von einer Führungspersönlichkeit zumindest diese Eigenschaften; tun wir das wirklich? Bei mancher Besetzung einer Position scheinen wir selbst diese Mindestanforderung nicht zu stellen.

Die eigentlich determinierenden Leistungen des Managements finden ohne Zweifel auf denjenigen Ebenen statt, die Verstehen, Nützen und Ausführen voraussetzen: Verstehen als ein Ausdruck der Konkretheit, der Identifizierungsfähigkeit; Nützen als ein Ausdruck der Cleverness und Ausführen als ein Ausdruck der Ausführungsbefähigung.

Auf diese Bereiche geht das „TaO Te Ching" nicht ein: Das Buch wendete sich in seiner Zeit an die Mitglieder des Hofes, der Aristokratie, der Verwaltung und des Militärs, also an die Führungsschicht der Gesellschaft etwa um die „Zeit der Streitenden Reiche" von der Mitte bis zum Beginn des letzten Viertels des ersten Jahrtausends vor der Zeitenwende.

Lao Tse, oder wie der Verfasser der 81 Kapitel geheißen haben mag, hatte eine durch und durch verderbte und verdorbene Gesellschaft vor sich, in der „gut nicht mehr als gut und schlecht nicht mehr als schlecht" galt, nichts anderes also, als wir heute erleben. Und für

die Führungsschicht einer solchen Gesellschaft soll er die 81 Kapitel geschrieben haben, bevor er sich „in das Land im Westen“ zurückzog, wonach man nie mehr von ihm gehört habe.
Wovon aber schreibt dieser Lao Tse?
Eigentlich nur davon, daß „die Erlauchten“, also die Führungsschicht, trachten sollen, weise und gütig zu sein und sich in jedem Falle der eigenen Unvollkommenheit, Unsicherheit und des immer unzureichenden Wissens bewußt zu sein haben.
Der geneigte Leser sieht das Umfassen der Begriffe des Intellektes, der Spiritualität und der Moralität durch die Begriffe „Weisheit und Güte“.
Das Wissen um die eigenen Schwächen, die Freude an den eigenen Fähigkeiten, die Demut vor der gestellten Aufgabe, das Bewußtsein von Folgen und Verantwortung, davon redet Lao Tse. Gerade im Kapitel X ist dieser Weg vom „Fühlen und Erfassen“ bis zu den „Stillen Kräften“ beschrieben.
Ein jedes der 81 Kapitel ist Anregung zum Nachdenken über die Richtigkeit des eigenen Wirkens und Anleitung zur Abkehr vom „Rechthaben“ und Hinkehr zum „Rechttun“.
Meditationen – Konzentration des Denkens – sind dann für Menschen, die Verantwortung tragen, gut und nützlich, wenn sie helfen, diese Menschen auf ihre Aufgaben vorzubereiten und sie zu befähigen, ihren Aufgaben zu entsprechen. Vom ersten Schritt dazu

schreibt Lao Tse freilich nicht: von der Gelassenheit, sei es aus der Sicht eines Menschen, der etwa 500 Jahre vor der Zeitenwende gelebt hat, sei es aus seiner persönlichen Situation. Oder weil es ihm selbstverständlich war, anhand des ersten Kapitels nachdenkend zur Gelassenheit zu finden. Nachdenkend über das „TaO" und das Unnennbare. Weggehend in Gedanken vom Hier und Heute, weg von Freude und Sorge, sich bewußt werdend der eigenen Einordnung in die Große Ordnung des „TaO", sich dareinfindend in die Unergründlichkeit des Unnennbaren. Und dabei von der Anspannung zur Entspannung findend, von der Voreingenommenheit zur Unvoreingenommenheit, von der Oberflächlichkeit zur Tiefgründigkeit, zur Tiefsinnigkeit, weg von allen Dingen, die entgegen dem „TaO" sind, und hin zur Erfüllung des eigenen Weges. Und am Schreibtisch des Managers weg vom Streß, hin zur Gelassenheit, denn „Jagen und Rennen verwirren den Geist".

Die Qualifikation für Führungspersönlichkeiten sieht Lao Tse so:

„Wer darum die Welt einschätzt wie sich selber
Der ist berufen für die Welt zu wirken
Doch wer die Welt so liebt wie sich selber
der ist berufen für die Welt zu sprechen"

Die Begriffe „Welt" und „Unternehmen" dürfen wir nebeneinanderstellen.

Die Zusammenfassung allen sinnvollen Wirkens in einer Gemeinschaft sieht Lao Tse so:

„Darum stellen die Erlauchten
Sich selber stets hintan
Und dennoch sind sie stets voraus
Sie stellen sich nicht selbst hinaus
So ist es wohl allein ihr Selbstlossein
Daß ihr Wollen stets zum Ziele führt"

Weisheit und Güte und Demut vor der übernommenen Aufgabe: Ich meine, daß wir in einer Zeit leben, in der solche Begriffe wieder begriffen werden in ihrer Bedeutung für unseren Lebensbereich. Nach einer Zeit, da Ehrlichkeit, Familie, Ehe und Heimat zum Gelächter geworden sind und da die Anführer der Lemminge, die mitgelacht haben, selbst nur mehr Getriebene sind, ist es nun soweit, daß wir erkennen müssen, daß es nicht recht sein kann, wenn „gut nicht mehr als gut und schlecht nicht mehr als schlecht" gilt. So ist es auch wieder eine Zeit, wo wir über unseren Intellekt uns ausrichten müssen auf die Kreativebene der Spiritualität und auf die letztgültige Urteilsebene des Managements – auf die Ebene der Moralität. Es bleibt uns am Ende nicht erspart, unser Tun danach auszurichten, „stets zu nützen und nie zu schaden", denn auch „das TaO der Natur liegt darin, stets zu nützen, nie zu schaden".
Es wird wohl so sein, wie der erlauchte Jesuit Rupert

Lay gesagt hat, daß alle Managementschulen das wichtigste für den Manager nicht bieten können: die Demut vor der Aufgabe und das Wissen um die Verpflichtung, sich der strengsten vorstellbaren Beurteilung zu stellen. Daß diese Beurteilung jenseits jeder Erfolgsrechnung, jenseits jeder Bilanz und jenseits aller Gremialbeschlüsse liegt, sich dessen zu besinnen und sein Tun danach auszurichten, zeichnet Führungskräfte am wahren Ende aus.

„Richte Dich unablässig nach dem Großen Vorbild
Und alles wird dann zu Dir kommen
Doch das Kommen bringt kein Unheil
Nur Gleichgewicht und Frieden“

Ich habe dem nichts hinzuzufügen.

DAS TAO
DER STÄRKE

I

Der Ursprung der Stärke

Das TaO das beschrieben werden kann
Ist nicht das TaO des Unnennbaren
Der Name der genannt werden kann
Ist nicht der Name des Unnennbaren

Das Unnennbare schuf den Himmel und die Erde
Das Nennbare ist die Mutter aller Dinge

Es wird ohne vorgefaßte Meinung
Immer das Tiefgründige zu verstehen sein
Es wird mit einer vorgefaßten Meinung
Immer nur das Oberflächliche zu verstehen sein

Die Herkunft dieser beiden ist wohl gleicher Art
Obgleich ihre Namen so verschieden
Sind sie zusammen voll von tiefem Sinn

Tiefgründig und voll tiefen Sinnes
Der Weg zum großen Verstehen

II
Die Bedeutung der Gegensätze

Wenn alle Welt nur Schönes als schön versteht
Dann zeigt sich die Häßlichkeit
Wenn alle nur Gutes als gut ansehn
Dann zeigt sich das Böse

Darum ist es so
Daß Sein und Nichtsein einander bedingen
Schweres und Leichtes einander ergänzen
Länge und Kürze einander entgegen stehn
Hoch und Tief zueinander gehören
Stille und Laut zueinander stimmen
Zukunft und Vergangenheit aufeinander folgen

Die Erlauchten halten darum
Ihre Stellung ohne viel Aufwand
Sie wenden ihre Überzeugung ohne Worte an
Sie sind ein Teil von allem und übersehen nichts
Sie bringen hervor und besitzen dennoch nichts
Sie wirken ohne vorgefaßte Meinung
Sie haben Erfolg
und verlangen dennoch nicht nach Ruhm

Der von ihnen nicht begehrte Ruhm
ist darum ihr Gefährte

III

Der Friede in der Ausgeglichenheit

Hebe die besonders Begabten nicht hervor
Und die Leute werden ohne Streit sein
Horte nicht was mühsam zu erwerben
Und die Leute lassen ab vom Stehlen
Richte deinen Geist nicht auf Begehrtes
Und der Geist wird nicht verwirrt

Darum leiten die Erlauchten auch die anderen
Da sie ihre Herzen öffnen
Da sie ihr Verständnis stärken
Da sie ihre Begierden auszugleichen trachten
Da sie ihre innere Stärke vermehren

Laß die Leute ohne List und Begierden sein
Laß Kluge ohne Wagnis wirken
Wirke selber ohne Taten
Und nichts kommt aus dem Gleichgewicht

IV
Das Wesen des TaO

Das TaO ist leer und zugleich voller Sinn
Nach seinem Wesen erfüllt es sich nie
So tief ist es
In sich vereint es den Beginn von allem

Es bricht die Schärfe
Es entwirrt das Verwirrte
Es mildert was gleißend
Eins ist es mit den Wegen der Welt

So tief ist es
Und hat eine eigene Wesenheit
Ich weiß nicht woher es kommt
Dieses Bild vor allem Beginn

V

Die Ausrichtung nach der Mitte

Himmel und Erde wenden sich keiner Seite zu
Alles was ist   ist ihnen ohne Bedeutung
Die Erlauchten wenden sich keiner Seite zu
Alle Menschen die sind
sind ihnen ohne Bedeutung

Zwischen Himmel und Erde
Ist der Raum gleich einem Blasbalg
Es ändert sich die Gestalt
Das Wesen ändert sich nicht
Je mehr es sich bewegt
Umso mehr bewirkt es

Zu viele Worte erschöpfen sich selbst
Besser ist   beim Wesentlichen zu bleiben

VI

Das Erkennen des Tiefgründigen

Das Geheimnis des Tales ist unvergänglich
Es ist das tiefe Weibliche
Das Tor aus diesem tiefen Weiblichen
Ist der Ursprung von Himmel und Erde

Unvergänglich und unaufhörlich
scheint es zu bestehen
Sein Wirken ergibt sich ohne Zwang

VII
Die Stärke aus der Selbstlosigkeit

Der Himmel ist ohne Zeit und die Erde ohne Ende
Sie vermögen unvergänglich und dauerhaft zu sein
Weil sie nicht für sich selbst sind
Bestehn sie ohne zu vergehen

Darum stellen die Erlauchten
Sich selber stets hintan
Und dennoch sind sie stets voraus
Sie stellen sich selbst hinaus
Und bleiben drinnen wo sie sind

So ist es wohl allein ihr Selbstlossein
Daß ihr Wollen stets zum Ziele führt

VIII

Die unvergleich-lichen Werte

Der höchste Wert ist wie der des Wassers
Der Wert des Wassers ist allem zu Nutzen
Denn es steht nirgend entgegen
Das Wasser ist   wo anderes nicht ist
Und darum ist es dem TaO nahe

Der Wert des Hauses ist die Bleibe
Der Wert des Sinnes ist die Tiefe
Der Wert unter Menschen ist die Güte
Der Wert von Worten ist die Wahrheit
Der Wert der Führung ist die Ordnung
Der Wert der Arbeit ist die Kundigkeit
Der Wert der Mühe die Beständigkeit

Was immer ohne Gegensatz
Das bringt am Ende keinen Groll

IX
Die Überwindung des Niederganges

Das Streben nach Erfüllung
Ist nicht so gut wie innezuhalten zur rechten Zeit

Allzu große Schärfe
Vermag auf Dauer nicht zu helfen

Ein Haus das voller Reichtum
Ist auf Dauer nicht zu schützen

Der Stolz auf Wohlstand und auf Stellung
Macht blind für kommenden Fall

Zurückzutreten wenn Erfolg erreicht
Darin liegt das Wesen des TaO

X

Die Ausgeglichenheit des Wesens

Beim Beherrschen Deines Fühlens
und im Erfassen der Einheit
Wie kannst Du nur einen einzigen Weg verfolgen
Wie kannst Du im Nützen Deiner Stärke
Nachgiebig sein wie ein Neugeborenes
Im Erreichen Deines Verständnisses
Wie kannst Du frei sein stets von Fehlern
Im Verständnis für die Menschen
und beim Lenken eines Staates
Wie kannst Du frei sein stets von Taten
Im Öffnen und Schließen der Wege zur Natur
Wie kannst Du ohne Schwäche bleiben
Im klaren Sehen nach ein jeder Richtung
Wie kannst Du ohne Wissen bleiben

Bring Dinge hervor und bewahr sie
Bring viel hervor und bleib ohne Habe
Dein Tun sei ohne vorgefaßte Meinung
Dein Vorsprung ohne Überheblichkeit
Denn dieses sind die Stillen Kräfte

XI

Vom Nutzen dessen was nicht ist

Dreißig Speichen gehen auf die eine Nabe
Was nicht ist   darin liegt der Sinn des Rades
Ton wird in die Form des Kruges gebracht
Was nicht ist   darin liegt der Sinn des Kruges
Tür und Fenster nach dem Plane
macht die Form des Raumes
Was dort nicht ist   darin liegt der Sinn des Raumes

Der Sinn von allem was vorhanden
Kommt nur von dem was nicht vorhanden

XII
Der Einfluß auf die Sinne

Die fünf Farben der Natur vermögen
das Auge zu blenden
Die fünf Töne der Natur vermögen
das Gehör ertauben zu lassen
Die fünf Arten des Geschmacks vermögen
den Geschmack zu erschöpfen

Jagen und Rennen verwirren den Geist
Was schwer zu erwerben   ist jedermann im Wege

Weswegen denn auch die Erlauchten
Sich nach der eignen Mitte richten
und nicht auf das Erfahren
So geben sie das eine auf
und gewinnen das andere dafür

XIII
Das Erweitern der Erkenntnis

Unruh ist in Ehre gleich wie in der Schande
Mut und Furcht entstehen aus dem Gleichen

Was soll das
Unruh ist in Ehre gleich wie in der Schande
Ehre hebt über die Mitte und Schande stößt darunter
Auf beider Seite ist die Unruh
Und darum heißt es
Unruh ist in Ehre gleich wie in der Schande

Was soll das
Mut und Furcht entstehen aus dem Gleichen
Die Wurzel allen Fürchtens
Liegt im eigenen Selbst
Nur wer also selbstlos ist
Kann selbst ganz ohne Furcht sein

Wer darum die Welt so einschätzt wie sich selber
Der ist berufen für die Welt zu wirken
Doch wer die Welt so liebt wie sich selber
Der ist berufen für die Welt zu sprechen

XIV
Das Wesen des TaO

Was vor aller Augen und doch nicht zu sehen
Dessen Name ist Gestaltlosigkeit
In aller Ohren und doch nicht zu hören
Dessen Name ist die Stille
Vor aller Händen und doch nicht zu greifen
Dessen Name ist Unerreichbarkeit

Diese Drei sind nicht zu trennen
Sie fügen sich und wirken so als wären sie nur Eines

Dessen Aufgang ohne Gleißen
Sein Verdunkeln ohne Finsternis
Ohne Ende ist das Unnennbare
Es kehrt wieder und wird eines mit dem Wesenlosen

Darum ist sein Name
Die Gestalt des Gestaltlosen
Das Abbild des Wesenlosen
Darum heißt es unbegreiflich
Weil zu Anfang sein Beginn und
Zu Ende sein Vergehen nicht erkennbar

Mit dem Sinne nach dem wahren TaO
Die Welt von heute zu führen
Im Wissen um den wahren Ursprung
Von solcher Art ist das Wesen des TaO

XV
Die Stärke in der Empfindsamkeit

Wer kundig ist des wahren TaO
Wird fühlsam sein in seinem Scharfsinn
        Und gründlich sein in seinem Fühlen
Sein tiefer Sinn ist niemals zu ergründen
Da er nun niemals zu ergründen
Ist seine Kraft nicht zu begrenzen

So voller Vorsicht
Wie beim Durchqueren eines eisigen Stromes
So voller Umsicht
Wie beim Beachten aller in einer Gemeinschaft
So zurückhaltend
Wie der willkommene Gast
So nachgebend
Wie das Eis beim Schmelzen
So voller Freimut
Wie beim Wirken in Schlichtheit
So gänzlich offen
Wie das Wirken des Tales
So gänzlich umfassend
Wie beim Wirken gleich dem trüben Wasser

Wer eins sein kann mit trübem Wasser
Kann mählich auch zur Klarheit kommen
Wer sich ändern kann in Festigkeit
Vermag sich Beständigkeit zu schaffen

Der dem TaO wahrhaft nachfolgt
Läßt ab vom Streben nach Erfüllung
Wer aber nicht dorthin gekommen
Ist weiterhin von Nutzen und
Kann von neuem stets beginnen

XVI
Die Erkenntnis des Wesens

Erreiche die größte Offenheit
Bewahre das tiefste Gleichmaß
Werde Eins mit allen Dingen
Auf solche Art ist der Lauf der Dinge zu verstehen

Es sind die Dinge der Welt ohne Zahl
Und der Lauf der Dinge führt wieder zum Anfang
Eins werden mit dem Anfang heißt Gleichmaß
Und das ist der Lauf des Geschickes

Der Lauf des Geschickes heißt das Unnennbare
Das Wissen um das Unnennbare heißt die Einsicht
Um das Unnennbare nicht zu wissen
Führt auf verwegenem Wege zum Unglück

Das Wissen um das Unnennbare macht uns duldsam
Und Duldsamkeit bringt ausgeglichnes Urteil
Ausgeglichnes Urteil führt zur Stärke
Und Stärke bringt natürliches Verhalten
Natürliches Verhalten führt zum TaO

Was mit dem TaO ist das wird beständig
Und frei von Ungemach im Leben

XVII
Die Art der unspürbaren Führung

Wer sie sind
ist von überlegnen Führern kaum bekannt
Den weniger Überlegenen
wird Neigung und Ehre zuteil
Die noch weniger Überlegenen werden geachtet
Die anderen werden zum Gelächter

Wer selber nicht vertrauen kann
Wird auch Vertrauen nicht erhalten
Ist hingegen die Weisung unbekannter Herkunft
Und die Arbeit dann getan und das Ziel erreicht
Dann sagen alle leichten Herzens
Wir haben es von uns aus so gewollt
und leicht erreicht

XVIII
Der Verlust der Ordnung des Empfindens

Wird das Große TaO nicht mehr recht beachtet
Dann treten bald an dessen Stelle
Fürsorge und Moralbegriffe
Hochmögende Pläne werden entworfen
Und große Heuchelei ist allenthalben

Ist im kleinen keine Eintracht
Dann treten bald an deren Stelle
Frömmigkeit und Unterwürfigkeit
Gerät dann der Staat selbst in Bedrängnis
Sind große Patrioten allenthalben

XIX
Die Rückkehr zur Schlichtheit

Verwirf was hochgeachtet
und laß ab von kühnen Plänen
Das Volk wird vielfach davon Nutzen haben
Verwirf die Fürsorge
und laß ab von den Moralbegriffen
Das Volk wird wieder zu Natur
und zu Verständnis kommen
Verwirf Durchtriebenheit und laß ab von Habgier
Und die Diebe werden bald verschwinden

Sosehr auch diese Sätze ungleich
Richte Dich nach ihrem Inhalt
Erkenne die Reinheit
Gehe auf in Schlichtheit
Laß ab von der Selbstsucht
Und beschränke Begierden

XX
Das Erlangen der Freiheit

Verwirf nutzloses Wissen und sei ohne Ängste
Wie groß ist doch der Abstand
    Zwischen Verstehn und Unterwürfigkeit
Wie groß ist doch der Abstand
    Zwischen Gut und Böse
Daß der einzelne will was alle wollen
    Das ist weit hergeholt und ohne Gleichmaß

Das Volk ist mitteilsam und voll Gefühlen
Wie beim Erhalten einer großen Gabe
Wie beim Gewinnen eines großen Wissens
Ich allein bleib ohne vorgefaßtes Urteil
Wie ein Kind vor seinem ersten Lächeln
Unabhängig selbst und ohne gemeinsames Wollen
Die Menge umschließt wohl alles
Ich alleine bleib ihr unbewußt
Ich bleibe unerkannt in allem
Und unerklärlich und nicht zu verstehen

Alles Volk ist klar und leicht durchschaubar
Ich allein bleib unerkannt und auch verborgen
Alles Volk ist klar und deutlich
Ich allein bleib dunkel und auch nicht durchschaubar

So ohne Beziehung wie das Meer
So unaufhörlich wie der durchdringende Wind
Immer ist die Menge gegenwärtig
Ich allein bin fern und ohne Regel
Ich allein bin anders als die Andern
Im Bewahren dessen was von der Mutter
    Allen Seins hervorkommt

XXI

Das Wissen um den Ursprung allen Seins

Die wahre Wirkung aller Stärke
Geschieht nur durch das TaO
Es wirkt das TaO durch die Natürliche Ordnung
So gestaltlos und so unerfaßbar

Unbegreiflich und ohne Gestalt
In seiner Mitte ist das Sinnbild
Ohne Gestalt und unbegreiflich
In seiner Mitte ist die Natürliche Ordnung
Geheimnisvoll und unergründlich
In seiner Mitte ist Das Wesen
Das Wesen ist die Wirklichkeit
In seiner Mitte ist die Wahrheit

Vom Beginn der Zeit an bis zu diesem Tage
Bleibt es stets bestehen
Durch das Wissen um den Ursprung allen Seins

Wie vermag ich um den Ursprung
allen Seins zu wissen
Nur durch dies alleine

XXII
Dem Gegebenen entsprechen

Was geteilt wird ganz
Was verbogen wird gerade
Was tief ist füllt sich aus
Was erschöpft ist wird erstarken
Was gering ist wird erheblich
Was zuviel ist wird vergehen

Darum richten sich Erlauchte nach dem Einen
Als Vorlage verstehen sie die Welt

Sie heben sich selbst nicht hervor
Gerade darum kommt ihnen Glanz zu
Sie grenzen sich nicht selbst ab
Gerade darum sind sie ausgezeichnet
Sie erheben keinen Anspruch
Gerade darum werden sie bedacht
Sie rühmen sich nicht selber
Gerade darum treten sie hervor

Da sie sich mit niemand messen
Kann niemand sich mit ihnen messen

Das alte Wort   Was geteilt   wird ganz
Soll das ohne Inhalt sein
Um ganz zu werden
Verändere Dein Wesen

XXIII
Die Stärke in der Haltung

Die Natur erklärt sich wenig
Darum weht der Wirbelwind nicht einmal einen Morgen
Und auch das Gewitter währt kaum einen ganzen Tag
Und durch wen sind diese
Durch den Himmel und die Erde
Können selbst Himmel und Erde
Sie nicht lange dauern lassen
Wieviel weniger dann der Menschen Wille

Wer darum dem TaO folgt
Wird eins sein mit dem TaO
Und wer der Stärke folgt
Wird eins mit der Stärke
Und wer dem Irrtum folgt
Wird eins sein mit dem Irrtum

Wer eins wird mit dem TaO
Den umfängt das TaO
Wer eins wird mit der Stärke
Den umfängt die Stärke
Wer eins wird mit dem Irrtum
Den umfängt der Irrtum

XXIV
Die Gefahr im Zuviel

Wer auf den Zehen steht
vermag nicht fest zu stehen
Wer fest dasitzt
vermag nicht weit zu kommen
Wer selbst sich dartut
wird nicht hoch geachtet
Wer sich selbst auszeichnet
ist nicht zu unterscheiden
Wer selbst Anspruch stellt
wird gar nichts erreichen
Wer selbst sich rühmt
gar nichts wird er gelten

Entgegen denen die dem TaO folgen
Sind diese wie zuvieles Essen
und überviel Geschäftigkeit
Und stehn auch der Natur entgegen
Und jene mit dem TaO wenden sich von ihnen

XXV
Das TaO der Größe

Es war etwas und war im Schmelzfluß
Da Himmel und Erde noch nicht waren

Still war es und unermeßlich
Von nichts bestimmt und unveränderlich
Bewirkte alles ohne je zu enden
Es ist der Ursprung allen Seins
Und ist nicht zu bezeichnen
Mein Wort dafür ist TaO
Und wenn ein Name sein muß
Dann einfach nur die GRÖSSE

Denn Größe bringt Beständigkeit
Und Beständigkeit den weiten Weg
Und weiter Weg bedeutet Rückkehr

So hat das TaO Größe
Himmel und Erde haben Größe
Ein Führer hat desgleichen Größe
Im All sind ihrer nur vier Größen
Das Führen ist von diesen eine

Menschen sind nach der Erde geformt
Die Erde formt sich nach dem Himmel
Der Himmel formt sich nach dem TaO
Nach der Natur formt sich das TaO

XXVI
Die Schwere der Macht

Gewichtigkeit ist Untergrund des Leichten
Und Ruhe Lenkung der Betriebsamkeit
Darum reisen auch Erlauchte ganze Tage
Ohne ihre Habe zu verlassen
Vermögen auch die Möglichkeiten zu bannen
Sie bleiben ruhig doch und gänzlich ohne Bindung
Wie können auch Gebieter über eines Heeres Troß
Leichten Sinns und freien Mutes sein

Sind sie leichten Sinns
verlieren sie den Rückhalt
Sind sie ohne Ruhe
verlieren sie die Herrschaft

XXVII
Die Stärke im Schwachen

Ein guter Weg hat keine Spuren
Eine gute Rede keine Leere
Und scharfes Denken keine feste Regel

Ein gutes Schloß hat Riegel nicht noch Stab
Und ist dennoch nicht zu öffnen
Ein guter Knoten zurrt sich niemals fest
Und ist dennoch nicht zu lösen

So verstehn auch die Erlauchten
Alle anderen zu schonen
Und keiner geht verloren
Sie verstehn mit Dingen schonend umzugehen
Und solcherart wird nichts vergeudet

Das heißt das Vermehren des Lichtes

So wird auch ein Starker stets den Schwachen lehren
Und der Schwache wird des Starken Stütze sein
Wer den Lehrer nicht ehrt und die Stütze nicht schätzt
Wird gänzlich getäuscht so klug er auch sein mag

Darin liegt das tiefe Geheimnis

XXVIII
Das Zusammenführen der Stärken

Erkenne was hart ist
Halt Dich an das Weiche
Werd eins mit dem Laufe der Dinge
Eins sein mit dem Laufe der Dinge
Läßt die Stärke nie erlahmen
Das ist die Rückkehr zum Anfang

Erkenne das Weiße
Halt Dich an das Schwarze
Werde eins mit den Regeln der Welt
Eins sein mit den Regeln der Welt
Läßt die Stärke niemals schwanken
Das führt zurück zur Grenzenlosigkeit

Erkenne den Ruhm
Halt Dich an die Bedecktheit
Werde zum Tale der Welt
Das Tal der Welt dann sein
Läßt die Stärke immer genug sein
Das führt zurück zur Klarheit

Wenn das Einfache aufgeht
Dann wird es wirksam
Erlauchte die dieses nützen
Werden damit zu Führern
Auf diesem Wege findet das Große Gefüge zusammen

XXIX
Die Bedeutung des Abstandes

Wer sich der Welt bemächtigt und sie ändern will
Von des Gelingen hat man nie vernommen

Die Welt ist ein gar seltsam Ding
Und niemals zu beherrschen
Wer sie ändert der verdirbt sie
Wer sie festhält der verliert sie

Nach der Ordnung der Natur
Führen die einen wo die anderen folgen
Bewegen die einen wo die anderen verharren
Sind die einen fest wo die anderen weichen
Bestehen die einen wo die anderen vergehen

Weswegen denn auch die Erlauchten
Das Ungewöhnliche meiden
Das Besondere meiden
Das Übermaß meiden

XXX
Das Lenken der Führer

Wer Führer nach dem TaO leitet
Empfiehlt nicht groben Plan nach außen
Solch ein Ansatz pflegt zurückzuschlagen

Wo sich Heere gegenüberstehen
Gedeihen Disteln nur und Dornen
Und große Heere bringen Jahre voller Hunger

Die kundig sind und lang erfahren
Erreichen ihr Ziel und halten dann inne
Sie wollen niemals etwas zwingen

Sie erreichen was sie wollen ohne Prahlen
Sie erreichen was sie wollen ohne Ehrgeiz
Sie erreichen was sie wollen ohne Stolz
Sie erreichen was sie wollen ohne Habsucht
Sie erreichen was sie wollen ohne Zwang

Alles was zu hoch wächst   geht zugrunde
Denn es ist nicht mit dem TaO
Was nicht mit dem TaO ist   geht schnell zu Ende

XXXI
Das Nutzen der Stärke

Die schärfsten Waffen führen oft ins Unheil
Und sind darum entgegen jeder Ordnung der Natur
Der mit dem TaO ist   der läßt sie liegen
Erlauchte Führer halten sich zurück
Wer Gewalt will   geht nach vorne

Der Gebrauch von Waffen führt immer
nur ins Unglück
Nur wer unerfahren   der nimmt sie in die Hand
Ist ihr Einsatz jedoch einmal nicht zu meiden
Dann tut ein Meister das in sanfter Weise

Selbst in der Stunde des Sieges bleibe ohne Lust
Denn solche Lust führt zur Befriedigung durch Blut
Wer aber durch Blut zur Befriedigung kommt
Wird auf Erden nicht Erfüllung finden

XXXII
Das TaO als Vorbild

Das TaO des Absoluten ist ohne Namen
Obgleich ohne Grenzen in all seiner Schlichtheit
Wird die Welt dennoch seiner nicht Herr

Wenn sich Führer danach hielten
Ergäb sich alles ohne Widerstand
Himmel und Erde brächten Glück und Wohlstand
Das Volk wär einig ohne Zwang

Namen treten hervor wenn Gesetze entstehen
Treten Namen hervor   ist besser innezuhalten
Zur rechten Zeit innezuhalten bewahrt vor Gefahr

Das Wirken des TaO gleicht allenthalben
Dem tiefen Tal   das Ströme und Seen vereint

XXXIII
Die Herrschaft über sich selbst

Wer andere durchschaut ist klug
Wer sich selbst erkennt hat Einsicht
Wer andere überwindet hat Stärke
Wer sich selbst überwindet hat Macht

Wer weiß was hinreicht der ist reich
Wer nicht abweicht der hält seine Richtung
Wer seine Stellung hält der bleibt auch bestehen
Und wer endet und doch nicht vergeht
der wird weiter leben

XXXIV
Das Wirken des TaO

Das Große TaO wirkt allüberall
Es ist auf seiten des Fühlens wie des Denkens

Alle Dinge sind nach ihm in ihrem Werden
Und es weist gar nichts von sich
Unausweichlich erreicht es das vorgegebene Ziel
Und dabei hat es keinen Namen
Es umfaßt und bewahrt alle Dinge
Und es wirkt gänzlich ohne Zwang

Da es nun immer ohne festes Ziel
So ist es als das Kleine zu verstehn
Alle Dinge werden eins mit ihm
Und dabei wirkt es ohne Aufwand
Darum heißt es das Große

Die Größe hat es nicht zum Ziel
Darum erreicht es stets das Große

XXXV
Das unsichtbare Wirken der Ordnung

Richt Dich unablässig nach dem Großen Vorbild
Und alles wird dann zu Dir kommen
Doch das Kommen bringt kein Unheil
Nur Gleichgewicht und Frieden

Werden Musik und Speise zugleich geboten
Dann halten sich alle daran alleine
Kommt aber das TaO zum Ausdruck
So scheint es wesenlos und nicht zu spüren

Bei allem Betrachten ist es nicht zu sehen
Bei allem Lauschen ist es nicht zu hören
Bei allem Nutzen ist es ohne Ende

XXXVI
Das Verbergen der Überlegenheit

Um etwas gänzlich zu erschöpfen
Ist es nur besonders zu vergrößern
Um etwas zu schwächen
Ist es nur besonders zu verstärken
Um etwas zurückzuweisen
Ist es nur besonders vorzuziehen
Um von etwas wegzunehmen
Ist ihm nur besonders zuzufügen

Dies ist nun die Tiefe Einsicht
Das Biegsame kann stärker sein als das Starre
Das Schwache kann stärker sein als das Starke
Nicht aus der großen Tiefe soll der Fisch sein
Und eine große Macht
Soll ihre Überlegenheit nicht zeigen

XXXVII
Die Stärke des Einfachen

Das TaO handelt nicht
Und ist dennoch niemals ohne Wirkung

Wenn sich die Führer danach halten
Wird alles dem natürlichen Laufe folgen
Unter diesem Einfluß und doch voller Tatendrang
Will ich sie ruhig machen
durch die namenlose Schlichtheit
Die namenlose Schlichtheit
ist nun ohne die Begehrlichkeit
Und ohne die Begehrlichkeit kommt Ausgeglichenheit

Zu ihrem natürlichen Gleichgewicht
findet dann die Welt

XXXVIII
Die Stärke ohne Beweggrund

Überlegene Stärke tut niemals stark
und hat darum Stärke
Unterlegene Stärke tut immer stark
und ist darum stets ohne Stärke
Überlegene Stärke handelt nicht
und wenn dann ohne Beweggrund
Unterlegene Stärke wird tätig
und immer aus einem Beweggrund

Überragende Menschenachtung wirkt
und wirkt ohne Beweggrund
Überragende Tugendhaftigkeit wirkt
und wirkt mit Beweggrund
Überragende Schicklichkeit wirkt
und ist ohne Wirkung
Sie erhebt ihren Arm
um auf sich selbst zu zeigen

Ist einmal das TaO verloren
dann folgt Stärke

Ist die Stärke verloren
dann folgt Menschenachtung
Ist die Menschenachtung verloren
dann folgt Tugendhaftigkeit
Ist die Tugendhaftigkeit verloren
dann bleibt die Schicklichkeit

Mit Schicklichkeit vermag
einer die Wahrheit zu verdecken
Er wird damit dennoch Unglück bringen
Wenn er das Kommende sieht
hat er wohl den Glanz des TaO
Er wird dennoch dessen Ursprung nicht erkennen

Es werden darum jene mit der größten Beständigkeit
Sich nach dem Wesentlichen richten
Dessen bloßem Schein werden sie nicht folgen
Zur Wahrheit werden sie gelangen
Deren Abglanz werden sie nicht wollen
Solcherart lassen sie das eine und gewinnen das andre

XXXIX
Der Einklang mit dem Einen

Von alters her ist dies im Gleichklang mit dem Einen

Der Himmel im Gleichklang mit dem Einen wird klar
Die Erde im Gleichklang mit dem Einen wird fest
Der Sinn im Gleichklang mit dem Einen wird hell
Die Täler im Gleichklang mit dem Einen füllen sich
Im Gleichklang mit dem Einen
wird alles sich entfalten
Führer im Gleichklang mit dem Einen
sind nicht zu besiegen

Alles dies ergibt sich
durch den Gleichklang mit dem Einen
Ein Himmel ohne Klarheit
wird bald Gewitter bringen
Eine Erde ohne Festigkeit
wird wohl Beben bringen
Ein Sinn ohne Erleuchtung
wird nicht lange hell sein

Täler ohne Erfüllung werden wohl verdorren
Ohne schöpferische Kraft
wird alles bald vergehen
Führer ohne unbesiegbares Wirken
werden straucheln und bald fallen

Und wahrhaft gehen die Hohen
auf die Niederen zurück
Die Erhabenen sind weil Geringe sind
Darum halten sich Führer selbst für
Einsam und alleine und ohne alle Ehren
Weil sie auf die Niedern und Geringen zurückgehn
So ist es doch

Darum erreiche Ehre ohne Ehrung
Trachte nicht nach dem Glanze des Ruhmes
Auszeichnungen trage wie Steine

XL
Der Weg

Das regungslose Gleichgewicht
ist das Verhalten des TaO
Bildsamkeit ist seine Wesensart
Die Welt und ihre Dinge
        Alles ging hervor aus seinem Sein
Und sein Sein ging hervor aus seinem Nichtsein

XLI
Die großen Gegensätzlichkeiten

Wenn große Führer von dem TaO hören
Dann suchen sie es sorgsam anzuwenden
Wenn gewöhnliche Führer von dem TaO hören
Dann scheinen sie dessen gewahr und teils auch nicht
Wenn schwache Führer von dem TaO hören
Dann brechen sie in Gelächter aus

Ohne genug Gelächter war es nicht das TaO
Darum die Worte aus vergangnen Tagen

Wer vom TaO erleuchtet   verschwindet im Dunkel
Wer dem TaO sich naht   scheint zu weichen
Wer dem TaO entgegensteht
scheint ohne Gleichmaß

Überlegene Stärke erscheint gering
Große Klarheit erscheint bedeckt
Besondre Stärke erscheint entkräftet
Ererbte Stärke scheint entwendet
Fühlbare Stärke scheint nicht echt

Der größte Raum ist ohne Wände
Das höchste Können wird gemach erreicht
Die schönste Musik hat den leisesten Ton
Das Große Bild hat keinen Umriß

Das TaO ist verborgen und hat keinen Namen
Und dennoch ist es stets das TaO
Das hilft und voll Klugheit erfüllt

XLII

Das Wissen um die Gegensätze

Das TaO schuf das Eine
Das Eine schuf das Zwei
Das Zwei erschuf das Drei
Das Drei brachte Alles hervor

Alles Dingliche ist stofflich
und richtet sich nach der Kraft
Deren Gemeinsames Wirken
bewirkt das große Gleichmaß

Das Volk will nicht allein und einsam sein
und nicht im Nachteil
Und dennoch erklären Führer dieses von sich

Nach den Gesetzen der Natur
Verlieren die einen und gewinnen dabei
Gewinnen die andern und verlieren dabei

Was andere vor mir gelehrt das sage ich auch
Wer gewaltsam lebt stirbt keinen natürlichen Tod
Das soll mein erster Lehrsatz sein

XLIII
Die unspürbaren Kräfte

Die am meisten nachgebenden Dinge der Welt
Überwinden die härtesten Dinge der Welt
Das Wesenlose vermag stets alles zu durchdringen

Im tatenlosen Wirken erkenne ich die Überlegenheit

Weisheit ohne Worte
Überlegenheit ohne Taten
Sie beide sind auf Erden selten zu erreichen

XLIV
Die Stärke in der Bedürfnislosigkeit

Was ist von größerem Wert
Ruhm oder Leben
Was ist von größerer Bedeutung
Leben oder Habe
Was ist zuletzt schlechter
Gewinn oder Verlust

Je stärker die Neigung
        Um soviel größer der Aufwand
Je größer der Vorrat
        Um soviel größer der Verlust

Sieh ein wann genug ist
Und bleib ohne Schande
Versteh innezuhalten
Und bleib ohne Gefahr

Solcherart besteht einer auf sehr lange Zeit

XLV
Der Gewinn aus der Leere

Ist das größte Ziel noch nicht erreicht
Ist sein Nutzen nicht geringer
Ist die größte Fülle unerfüllt
Ist ihr Nutzen ohne Grenzen

Die größte Beständigkeit scheint veränderlich
Die größte Geschicklichkeit scheint unbeholfen
Die größte Beredsamkeit scheint stockend

Bewegung überwindet das Kalte
Besonnenheit überwindet Heftigkeit
Klarheit und Besonnenheit
bringen Ordnung allenthalben

XLVI
Die Schwäche der Besitzgier

Wenn das Land dem TaO folgt
Gelten Rennpferde soviel wie ihr Dung
Wenn die Welt ohne das TaO ist
Müssen selbst die Häuser der Armen
Kriegsrosse nähren

Kein größeres Ungemach gibt es
Als nicht zu wissen wann genug ist
Keine größere Schwäche gibt es
Als der Habgier zu erliegen

Erkenne darum daß genug genug ist
Und es wird immer genug sein

XLVII

Das Entstehen des inneren Wissens

Ohne vor das Haus zu gehen
Erkenne die Welt
Ohne aus dem Fenster zu sehen
Erkenne das TaO der Natur
Es mag einer weit zu fahren
Und wird doch kaum erfahren

Und darum haben die Erlauchten
Ihr Wissen ohne weit zu gehen
Ihr Erkennen ohne viel zu sehen
Ihren Erfolg ohne Taten

XLVIII

Die Kunst stillzuhalten

Um Wissenschaft zu betreiben
füge täglich hinzu
Um dem TaO zu folgen
verringere es jeden Tag
Verringere und vermindere es immer wieder
Um zum Stillhalten zu kommen
Durch Stillhalten bleibt nichts ungetan

Die Welt bleibt ohne Mühe nur im Gleichgewicht
Wenn einmal Mühen unvermeidbar werden
Ist die Welt nicht mehr im Gleichgewicht

XLIX
Die Hinwendung zu allen

Die Erlauchten haben einen ungebundenen Sinn
Sie machen das Wollen des Volkes
zu ihrem eignen Wollen

Zu denen die gut sind   bin ich auch gut
Zu denen die nicht gut sind   bin ich auch gut
Güte ist Stärke

Denen die vertrauen   vertraue ich auch
Denen die nicht vertrauen   vertraue ich auch
Vertrauen ist Stärke

Die Erlauchten dieser Welt
Gewinnen diese Welt
und werden eins mit ihrem Wollen
Und alle richten Augen und Ohren darauf
Die Erlauchten wirken alle so wie Kinder

L

Die Unangreifbarkeit des Lebens

Geht das Leben naht der Tod

Das Leben hat dreizehn Pfade
Der Tod hat dreizehn Pfade
So gelangt denn auch der Menschen Leben
Auf dreizehn Pfaden in das Reich des Todes

Und das ist darum so
Weil das Leben verschwenderisch gelebt wird

Es ist nun wohl bekannt
Daß diejenigen die auf der Seite des Lebens sind
Über das Land zu fahren vermögen
Ohne Nashorn oder Tiger zu begegnen
Und selbst von Kriegern
Werden sie in ihrer Stellung nicht bedroht

Das Nashorn findet keine Angriffsstelle für sein Horn
Der Tiger findet keine Angriffsstelle für seine Kralle
Der Krieger findet keine Angriffsstelle für sein Schwert

Und das ist darum so
Weil sie außerhalb des Reiches des Todes sind

LI
Das ausgeglichene Wirken des TaO

Das TaO bringt hervor
Das TaO erhält
Sein Naturgesetz gestaltet
Sein Einfluß macht vollkommen

Ohne Ausnahme muß darum alles
Das TaO achten und seine Kraft erkennen
Das TaO zu achten und seine Kraft zu erkennen
Wird niemand verlangen und es kommt von alleine

Das TaO bringt also hervor
    Und seine Stärke ist Stütze und Halt
Es fördert und pflegt und erhält
    Es läßt reifen und ernährt und beschützt

Bringe hervor und bleibe ohne Habe
Werde wirksam ohne Erwartung
Im Vorteil sei ohne Übergewicht
Dieses sind die Verborgenen Kräfte

LII
Das Finden zur Einsicht

Der Beginn der Welt
Ist die Mutter der Welt
Wer die Mutter verstehn will
Muß um die Kinder wissen
Und von den Kindern zu wissen
Bedeutet nahe der Mutter zu sein
Und dieses ein lebenslanges Freisein von Leid

Schließe die Gänge
Sperre die Tore
Am Ende ist das Leben ohne Inhalt

Öffne die Gänge
Verstärke das Mühen
Am Ende ist das Leben ohne Hoffnung

Das Verstehn des Kleinen ist die Einsicht
Bildsam zu bleiben ist die Stärke
Wer immer durch seinen klaren Geist
Zur Einsicht findet
Dessen Leben wird frei sein von Ungemach

Dies ist das Wissen um das Unnennbare

LIII

Das Verlassen des Großen Weges

Auch mit nur geringem Wissen
Vermag ich dem Großen Weg zu folgen
Mit der einzigen Angst ihn zu verlassen
Der Große Weg ist gänzlich eben
Und dennoch liebt das Volk den Umweg

Wenn ein Staat zerfällt
Sind bald die Äcker überwuchert
Sind die Läden leergekauft
Sind die Kleider voller Prunk
Sind scharfe Schwerter zur Hand
Sind Trank und Speise ohne Maß
Sind Schätze und Wohlstand angehäuft

Das ist Maßlosigkeit und letztlich Diebstahl
Und sicher nicht der Große Weg

LIV
Das umfassende Verstehen

Was verständig errichtet   wird nicht zerstört
Was verständig erfaßt   wird nicht entgleiten
Solcherart wird es auf lange Zeit geachtet

Entwickle Dein Inneres
Und seine Kraft wird wirksam
Wirke für Dein Heim
Und seine Stärke wird reichlich
Wirke für die Gemeinschaft
Und ihre Stärke nimmt zu
Wirke für den Staat
Und seine Stärke wird fruchtbar
Wirke für die Welt
Und ihre Stärke wird allumfassend

Es ist darum durch das eigene Innere
Das eigene Innere zu verstehen
Durch das Heim ist
Das Heim zu begreifen
Durch die Gemeinschaft wird
Die Gemeinschaft erfaßbar
Durch den Staat wird
Der Staat zu verstehen
Durch die Welt wird
Die Welt zu begreifen

Wodurch ich die Welt verstehe
Eben durch dieses

LV
Die Kraft in der Widerstandslosigkeit

Wer die tiefwirkende Kraft hat
Ist wie ein neugeborenes Kind

Die giftigen Fliegen stechen es nicht
Die wilden Tiere reißen es nicht
Die Raubvögel fallen es nicht an

Seine Knochen sind biegsam
Seine Muskeln ohne Spannung
Sein Griff aber fest

Es weiß noch nichts von Mann und Frau
Und doch ist seine Lebenskraft schon da
Seine Lebensfähigkeit am größten

Es vermag den ganzen Tag zu schreien
Und doch wird es nicht heiser
Seine Ausgeglichenheit ist am größten

Ausgeglichen zu sein ist wie das Unnennbare
Um das Unnennbare zu wissen heißt Einsicht haben
Das Leben zu erweitern bedeutet Glück zu haben
Des Wesentlichen gewahr zu sein
heißt Stärke zu haben

Alles was zu hoch wächst geht zugrunde
Denn es ist nicht nach dem TaO
Was nicht nach dem TaO ist
kommt schnell zu seinem Ende

LVI

Das Erreichen des Wahren Gleichklangs

Wer viel weiß   der redet nicht
Wer viel redet   der weiß nichts

Versperre die Gänge
Verschließe die Tore
Brich jede Schärfe
Entwirre was verworren
Bring Ebenmaß dem Hellen
Werde eins mit den Wegen der Welt

Das heißt der Wahre Gleichklang

Er ist nicht zu gewinnen durch Hinwendung
Er ist nicht zu gewinnen durch Abwenden
Er ist nicht zu gewinnen durch Vorteil
Er ist nicht zu gewinnen durch Nachteil
Er ist nicht zu gewinnen durch Achtung
Er ist nicht zu gewinnen durch Demut

Gerade darum ist es der Reichtum der Welt

LVII

Die Stärke in der Mühelosigkeit

Leite den Staat mit Geradlinigkeit
Leite das Heer nach unerwartetem Plan
Erhalte das Land ohne Mühe

Woher ich davon weiß
Durch das was ich nun sage

Zu viele Verbote im Leben
Und das Volk wird kraftlos
Zu viele scharfe Waffen im Volk
Und der Staat gerät in Gefahr
Zu viele durchtriebene Pläne der Leute
Und Unberechenbares geht vor sich
Zu sichtbar die Zunahme von Verordnung und Gebot
Und es werden viele Übeltäter sein

Die Erlauchten sagen darum
Trachte nicht zu handeln
Und das Volk wird ohne Zwang beeinflußt
Trachte nach besonderer Gelassenheit
Und das Volk wird gut ohne Zwang
Trachte nach Mühelosigkeit
Und das Volk wird ohne Zwang wohlhabend
Trachte nach Bedürfnislosigkeit
Und das Volk wird ohne Zwang bescheiden

LVIII
Die Ausrichtung nach der Mitte

Ist die Verwaltung wenig spürbar
So bleibt das Volk voll Anstand
Ist die Verwaltung stets zu spüren
So wird das Volk geschwächt

Ungemach kommt immer aus viel Glück
Großes Glück birgt Ungemach in sich
Wo ist da ein Ende abzusehen
Wo eine Regel zu erkennen

Ordnung vermag zur Absonderlichkeit zu werden
Güte kann zu Ungesundem werden
Und das Volk wird tief verwirrt sein
Für eine lange lange Zeit

Darum sind auch die Erlauchten
Gerade ohne trennende Strenge
Ehrsam ohne verletzende Art
Freimütig ohne belastenden Ton
Leuchtend ohne Glanz

LIX
Der Nutzen der Mäßigung

Beim Führen von Menschen
und im Dienste der Natur
Ist nichts so wichtig wie die Mäßigung
Da nun Mäßigung frühes Nachgeben bedeutet
Und frühes Nachgeben einen Gewinn an Stärke

Wenn Stärke gewonnen ist
Wird nichts unerreichbar
Wenn nichts unerreichbar ist
Ist man durch nichts beengt
Wenn man durch nichts beengt ist
Vermag man den Staat zu beherrschen

Besitzt ein Staat das Wissen um das TaO
Kann er bestehen und gedeihen
Es bedeutet starke Wurzeln wie auch festen Grund
Sicherheit und langes Leben
    Das stete Beachten des TaO

LX
Die Schatten ohne Schaden

Einen großen Staat zu führen
ist wie das Kochen feiner Speisen

Ist das TaO stets zugegen
Sind auch die Geister ohne viel Geheimnis
Sie sind dann nicht nur ohne viel Geheimnis
Selbst ihr Geheimnis würde niemand schaden

Wird nun ihr Geheimnis niemand schaden
Und auch die Erlauchten schaden niemand
Dann werden sie auch zusammen niemand schaden
Und kehrt die Stärke wieder und wird größer

LXI

Die Stärke in der Bescheidenheit

Ein großer Staat soll sich bescheiden halten
Um mit der Welt geeint zu bleiben
Dies ist das Weibliche in allen Dingen
Das Weibliche ist in seiner Nachgiebigkeit
dem Männlichen über
Durch seine Nachgiebigkeit ordnet es sich unter

Wenn darum ein großer Staat
Sich unter einen kleinen Staat stellt
Kann er den kleinen Staat gewinnen
Und wenn darum ein kleiner Staat
Unter einem großen Staate bleibt
Kann er den großen Staat gewinnen

Darum gewinnt der eine weil er sich unterstellt
Und es gewinnt der andere weil er unten bleibt

Denn wonach die großen Staaten trachten
Ist andere zu einen und zu fördern
Und wonach die kleinen Staaten trachten
Ist sich anzuschließen und zu dienen

Daß nun beide den erstrebten Stand erreichen
Muß der Größere sich unterordnen

LXII

Der Wert des TaO für Anführer

Das TaO ist der Hort für alles
Der Schatz für die Guten
Der Schutz für die nicht Guten

Ansehen ist durch feine Rede zu erreichen
Menschen sind durch feine Art gewinnbar
Wenn nun manche nicht so gut sind
Soll auf sie doch nicht verzichtet werden

Ist einmal der Herrscher auserkoren
Und sind die drei Verwalter bestellt
Und werden auch die Hoheitszeichen
Auf einem Gespann vorangeführt
So ist dies nicht so gut wie
Das Zurückstehn und das Reifen nach dem TaO

Warum hielten die Alten das TaO so hoch
Sagten sie doch
Müh Dich darum und Du erreichst es
Beherrsche Deine Fehler und Du wirst frei von ihnen

Darum ist es der wahre Reichtum der Welt

LXIII
Das Vermeiden des Widerstandes

Wirke ohne Taten und handle ohne Mühen
Schmecke ohne zu verkosten
Mach das Kleine groß und mach mehr was wenig
Vergilt Gehässigkeit mit Güte

Plane das Schwierige dann wenn es leicht ist
Bewege das Große dann wenn es klein ist
Die schwerste Arbeit auf Erden
beginnt dann wenn sie leicht ist
Die größte Mühe auf Erden
beginnt dann wenn sie klein ist
Erlauchte setzen darum keine großen Taten
Und erreichen solcherart das Große

Wer leicht sich anvertraut
erweckt auch kaum Vertrauen
Wie leicht ist dann erst Widerstand zu wecken
Darum sehen Erlauchte alles als schwierig an
Und haben am Ende keine Schwierigkeit

LXIV
Die Stärke im Anfänglichen

Was noch ruht   ist leicht zu halten
Was vor Beginn   ist leicht zu planen
Was leicht zerfließt   ist leicht zu schmelzen
Was wenig wiegt   leicht zu zerstreuen
Wirke ein auf Dinge   die noch nicht entwickelt
Bring das in Ordnung   was noch nicht verwirrt

Selbst ein großer Baum mit weiter Krone
    Kommt hervor aus einem kleinen Sproß
Selbst ein großer Turm mit neun Geschoßen
    Entsteht auf einer Schaufel Erde
Selbst ein langer Weg von tausend Meilen
    Beginnt mit einem ersten Schritte

Wer sich um etwas müht
    Wird sicher es verderben
Wer sich an etwas klammert
    Wird sicher es verlieren
Erlauchte handeln ohne Tun
    Damit sie nichts verderben
Sie klammern sich an nichts
    Damit sie nichts verlieren

Das Volk zerstört sein Werk gar oft bevors vollendet
Doch mit viel Sorgfalt zu Beginn wie auch am Ende
So wird kein Werk verdorben

Darum trachten die Erlauchten bedürfnislos zu sein
Sie horten nicht was schwierig zu erwerben
Sie lernen selbst noch ohne lernen
Sie wenden sich dahin wo auch das Volk will
Sie bringen so viel Nutzen allenthalben
Und gehen ohne Taten nie ein Wagnis ein

LXV
Die Gefahr in der Durchtriebenheit

Die der Lehre des alten TaO kundig
Sind in ihrem Tun nicht jedermann erkenntlich
Sie scheinen darum voller Einfalt

Das Volk ist schwer zu lenken
Vielfach weil es gar zu schlau ist
Wer darum den Staat mit List nur leitet
Der wird dem Staate schaden
Den Staat ganz ohne List zu leiten
Das wird dem Staate nützen

Wer um diese beiden Dinge weiß
Der hat das Vorbild im Unnennbaren erkannt
Dieses Vorbild zu erkennen und davon zu wissen
Bedeutet geheimnisvolle Stärke

Die geheimnisvolle Stärke ist fest in sich
und trägt weithin
Zusammen mit der natürlichen Ordnung
    Der Gegensätzlichkeit
Führt sie zum Großen Gleichmaß

LXVI
Die Stärke im Zurückstehen

Die Ströme und die Seen leiten alle Bäche
Weil sie in ihrem Sein darunter liegen
Dadurch vermögen sie alle Bäche zu leiten

Um darum auf Menschen Einfluß zu gewinnen
Muß man sich im Reden unter diese stellen
Um stets vor ihnen zu bleiben
Ist es von Nutzen sich hintan zu stellen

Die Erlauchten bleiben darum überlegen
Weil niemand sich gering geachtet vorkommt
Sie bleiben stets voran
Weil niemand sich zurückgesetzt fühlt

Darum erwählt die Welt sie gerne
Und weist sie nicht zurück
Und weil sie sich mit niemand messen
Kann niemand sich mit ihnen messen

LXVII
Die Stärke im Mitgefühl

Es denkt die Welt es sei mein TaO groß
Und dazu erscheint es unbegreiflich
Bloß seine Größe läßt es unbegreiflich erscheinen
Könnt es je begriffen werden
Dann wär es lange vorher ohne Wert

Ich habe drei Schätze die mir helfen
und mich schützen
Der erste Schatz ist Mitgefühl
Der zweite Schatz ist Mäßigung
Der dritte das Wissen auf Erden
nicht der Erste zu sein

Durch Mitgefühl wird einer beherzt
Durch Mäßigung wird einer aufgeschlossen
Durch das Wissen auf Erden
nicht der Erste zu sein
Wird einer zum Werkzeug der Führung

Ist nun einer beherzt doch ohne Mitgefühl
Oder aufgeschlossen doch ohne Mäßigung
Oder der Erste doch ohne Bescheidenheit
So ist der Untergang ihm sicher

Mitgefühl unterliegt nicht wenn es angegriffen
Es bringt Sicherheit wenn es beständig
Die Natur stärkt ihre Führer
Durch die Kraft des Mitgefühls

LXVIII
Die Stärke in der Friedfertigkeit

Ein kundiger Führer führt ohne Zwang
Ein kundiger Kämpfer kämpft ohne Jähzorn
Ein kundiger Meister greift den Gegner nicht an
Ein kundiger Dienstherr bewahrt seine Ruhe

Das ist die Stärke im Vermeiden des Streites
Das ist die Stärke im Nützen der Menschen
Das ist die größte Nähe zur Natur

LXIX

Der Ausgleich für das Zuviel

Ein Sprichwort der Soldaten lautet
Kann ich nicht der Hausherr sein
So bin ich eben Gast
Kann ich nicht ein Zoll voran
So geh ich einen Schritt zurück

Das bedeutet einfach
Zu verreisen und dennoch zu verweilen
Sich zu erheben ohne Waffen
Zu obsiegen ohne Widerstand
Zu gewinnen ohne großen Plan

Kein Ungemach ist größer
als Widerstand zu unterschätzen
Das Unterschätzen dieses kostet den eigenen Vorrat
Dort wo Gegensätze aufeinander treffen
Wird stets jener siegen den die Sorge leitet

LXX
Des TAO eigene Worte

Was ich sage ist leicht zu verstehen
Und recht leicht zu befolgen
Und doch vermag es niemand zu verstehen
Und niemand es befolgen

Meine Worte haben eine Wurzel
Meine Taten eine Lenkung
Weil nun niemand dies versteht
Versteht auch mich nun keiner
Die wenigen die mich doch verstehen
Werden mich zu schätzen wissen

Darum tragen die Erlauchten
Nach außen nur ein grob Gewand
Und innen die kostbare Jade

LXXI

Das Wissen um die Unvollkommenheit

Das Wissen   daß man nichts weiß
ist am besten
Dieses Wissen nicht zu haben   ist ein Leiden
Und nur das Erleiden dieses Leidens
Ist das Mittel   davon frei zu werden

Die Erlauchten sind nun ohne dieses Leiden
Weil sie immer dieses Leiden haben

Solcherart der Weg aus diesem Leiden

LXXII

Der angemessene Standpunkt

Wenn das Volk die Amtsgewalt nicht fürchtet
Dann wirkt die Amtsgewalt noch stärker
Darum achte nicht gering der Leute Lage
Darum achte nicht gering der Leute Leben
Da sie dann nicht gering geachtet werden
Sind sie auch selbst nicht ohne Achtung

Darum wissen die Erlauchten über sich Bescheid
Doch sie legen sich nicht offen
Sie schätzen sich selbst
Doch sie überschätzen sich nicht

So geben sie das eine auf
und gewinnen das andere dafür

LXXIII

Das Wirken der Natur

Wer recht verwegen   wird nicht lange leben
Wer recht besonnen   wird bestehen
Von diesen beiden hat einer den Nutzen
der andere den Schaden

Seine Natur entscheidet welchem es übel ergeht
Wer aber weiß den Grund
Selbst Erlauchte sehen das als schwierig an

Das TaO in der Natur
Bleibt immer ohne Streit
Und dennoch ist es immer überlegen
Es ist ohne Sprache
Und ist dennoch überlegen in der Antwort
Es ruft keinen her
Und dennoch kommen alle
Es ist ohne Eile
Die kundigen Pläne entstehen zuvor

Das Netzwerk der Natur ist groß
So weit auch seine Maschen   so wenig geht hindurch

LXXIV
Die unrichtige Amtsgewalt

Wenn die Leute den Tod nicht fürchten
Wozu dann mit dem Tode drohen
Wenn aber die Leute in Furcht vor dem Tode leben
Und dennoch nicht gehorchen
Wozu dann sie ergreifen und zum Richtplatz führen

Es ist ein oberster Vollstrecker der tötet
Anstelle des obersten Vollstreckers zu töten
Ist wie anstelle des Schreiners zu schneiden
Wer anstelle des Schreiners nun schneidet
Bleibt selten ohne Wunden an den Händen

LXXV

Die Führung die sich selbst zerstört

Das Volk hungert
Weil die Obrigkeit zuviel an Steuern verpraßt
Hungert das Volk

Das Volk ist schwer zu führen
Weil die Obrigkeit sich zuviel einmengt
Ist das Volk schwer zu führen

Das Volk achtet den Tod gering
Weil die Obrigkeit um jeden Preis überleben will
Achtet das Volk den Tod gering

Die sich nicht in das Leben der Leute mengen
Sind jene die deren Leben zu achten verstehn

LXXVI
Die Stärke in der Nachgiebigkeit

Ein lebender Mensch ist weich und formbar
Im Tode ist er steif und unbeweglich
Das gleiche gilt für Gras und Bäume
    Im Leben sind sie weich und biegsam
    Im Tode sind sie starr und trocken

Wer nun steif und unbeweglich
    Der folgt dem Weg des Todes
Wer aber weich und biegsam
    Der folgt dem Weg des Lebens

Es wird darum ein starrer Plan versagen
    Ein dürrer Baum wird fallen
Die Lage aller Starren wendet sich zum Schlechten
Die Lage aller formbar Weichen wendet sich zum Guten

LXXVII
Das Lenken der Stärke

Das TaO in der Natur
Ist wie ein Bogen beim Spannen
Das Obere kommt nach unten
Das Untere kommt empor
Was zuviel ist wird verringert
Was zuwenig wird vermehrt

Das TaO in der Natur
  Verringert was zu viel ist
  Vermehrt was noch zu wenig
Das TaO der Menschen ist ganz anders
  Es verringert was zu wenig
  Es vermehrt was schon zuviel ist

Wer kann in hohem Maß der Welt von Nutzen sein
Nur jene die im TaO wirken

Weswegen denn auch die Erlauchten
Ohne vorgefaßte Meinung wirken
Erfolgreich bleiben ohne Ehrgeiz
Und ohne Wunsch sind ihren Vorzug darzutun

LXXVIII
Die Stärke im Ungemach

Nichts auf der Welt
Ist so weich und so formbar wie das Wasser
Beim Angriff auf das Harte und das Starre
Ist dennoch nichts so überlegen
Wegen dessen was es nicht ist
Wird ihm dieses leicht

Das Weiche überwindet das Harte
Das Biegsame überwindet das Starre
Niemand auf der Welt ist ohne dieses Wissen
Und niemand vermag es anzuwenden

Die Erlauchten sagen darum
Wer den Tadel des Staates auf sich nimmt
Vermag der Herr des Ährenschreins zu werden
Wer das Ungemach des Staates auf sich nimmt
Vermag der Herr der Welt zu werden

Wahre Worte scheinen oft voll Widersinn zu sein

LXXIX
Die Stärke im Verzicht auf den Vorteil

Auch wenn ein großer Hader ausgesöhnt
Bleibt doch ein Stachel über
Wie soll das auszugleichen sein

Das ist es warum die Erlauchten
Sich an den Inhalt von Verträgen halten
Und andre gut behandeln
Die Starken sind an den Vertrag gebunden
Die Schwachen haben diesen einzulösen

Das TaO der Natur hat keinen Günstling
Es wirkt stets nur durch gute Menschen

LXXX
Das Erreichen der Unabhängigkeit

Selbst in einem kleinen Land mit wenig Leuten

Sorge dort für hundertfache Menge
Von Gerätschaft als gebraucht wird
Sorg dafür daß alle ihres Lebens sich erfreun
Und selbst dann nicht weit verreisen
Wenn Schiff und Wagen viel vorhanden
Dann ist kein Grund sie zu gebrauchen
Und wenn Wehr und Waffen vorhanden
Dann ist kein Grund sie herzuzeigen

Laß die Leute wieder Bücher schreiben
    Speis und Trank wird sie erfreuen
    Ihre Kleidung wird von feiner Art sein
    Ihre Heime ihnen sicher
    Und fröhlich ihre Bräuche

Nicht weit entfernt gelegne Länder
mögen sich so nahe sein
Daß selbst die Hunde und die Hähne
leicht zu hören sind
Doch werden beider Länder Leute alt
und einmal sterben
Und dennoch nie zusammen kommen

LXXXI
Der erlauchte Weg

Wahre Worte sind stets ohne Zierat
Worte mit viel Zierat sind nicht wahr
Wer gut ist   hats nicht Not   sich zu erwehren
Wer Not hat   sich zu wehren   ist nicht gut
Die Wissenden sind nicht belesen
Die nur belesen ohne Weisheit

Erlauchte tragen nichts zusammen
Je mehr sie tun für andere
    Um soviel größer ihr Gewinn
Je mehr sie andern geben
    Um soviel größer ihr Besitz

Das TaO der Natur
Liegt darin   stets zu nützen   nie zu schaden
Das TaO der Erlauchten
Liegt im Wirken ohne Gegensatz

Zur Übertragung

Das „TaO Te Ching" ist im Gegensatz zu der in der Einleitung zitierten „Kunst der Strategie" des Sun Tsu nicht einfach zu übertragen, weil es sowohl vom Inhalt her wie auch aus der Natur der alten chinesischen Piktogramme unvorstellbar vieldeutig ist und, wie Wing sagt, „jeder Ausdruck an jeder Stelle eines Passus stehen kann".

Daraus ergibt sich, daß manche Abschnitte nur im Zusammenhang und nach Übertragung und Überdenken aller 81 Abschnitte einen in Worte faßbaren Sinn ergeben. Eine weitere Schwierigkeit besteht im Fehlen von Einzahl und Mehrzahl bei allen Substantiva, im Fehlen von Aktiv- und Passivform bei Worten, die auch als Verben aufzufassen sind, und im Fehlen von allen Satzzeichen. Gerade letzteres erschwert die Zuordnung von Gedanken und Satzteilen zueinander – aus dieser Zuordnung jedoch ergibt sich erst ein durchgehender und sinnvoller Zusammenhang.

Ich bin Wiederholungen und scheinbaren Tautologien nicht ausgewichen: Es wäre nach meinem Dafürhalten unrichtig, einzelne Sätze wegzulassen, nur weil wir aus unserem Verständnis meinen, diese seien unrichtig, wenn doppelt vorkommende Stellen vorliegen; an mehreren Stellen liegt darin möglicherweise eine wesentliche Verstärkung der Aussage. Eine exakte Textierung eines zweieinhalbtausend Jahre alten Werkes aus einem uns fremden Kulturkreis und aus einer Sprache von Menschen aus ferner Zeit erwarten zu wollen, wäre eine Vermessenheit.

Die vorliegende Fassung hält sich Zeile für Zeile an das Original, wodurch dem Leser im Zusammenhang mit der fehlenden Interpunktion selbst Gelegenheit gegeben wird, die Zuordnung von Satzteilen oder Abschnittsteilen zu dem einen oder anderen Satzteil nach seinem eigenen Verständnis durchzuführen. Da Satzzeichen im vorliegenden Text ebenso wie im Original nicht enthalten sind, wurden an wenigen Stellen, wo es der Verständlichkeit dient und es sich eigentlich nicht vermeiden läßt, Zwischenräume an der Stelle von sinntrennenden Beistrichen eingefügt.

Ich habe mich während der Übertragung stets von dem Leitbild der Unvoreingenommenheit führen lassen, die „immer das Tiefgründige verstehen läßt", und nach meinem Dafürhalten an keiner Stelle von der Voreingenommenheit, die „immer nur das Oberflächliche erkennen läßt".

In dieser Ausrichtung sind es auch nur ganz wenige Idiome, die ich interpretieren will. Im Text kommen einige Besonderheiten vor, die meines Erachtens einer Interpretation bedürfen:

- Der „Erlauchte", der „Sheng jen", ist eigentlich ein Weiser oder Heiliger, jedenfalls eine besondere Per-

sönlichkeit mit den Eigenschaften eines Weisen oder Heiligen – eine Führungspersönlichkeit nach dem Inhalte des Textes.
Besondere Ausdrücke wie „Strohhunde" im Abschnitt V wurden als „ohne Bedeutung" im Sinne der aus Stroh hergestellten Opfertiere übersetzt; an anderen Stellen ist dies für das Verständnis nicht erforderlich.

- Das Wort „Ch'i" in Abschnitt X, wo das Wort eigentlich den vom kochenden Reis aufsteigenden Dampf bedeutet, wurde als die „Stärke" übertragen.
- Im Abschnitt XVI steht das Wort „Unnennbares" für ein Zeichen, das „ewig bestehend" bedeutet und aus den Zeichen für Dach zwischen Regen und Wind, einem Fenster und einem aus dem Fenster hängenden Tuch besteht: das Symbol für das Erhabene, das unaufhörlich wirkt – das Dach, das dabei das Höhere bedeutet und das im Winde nicht endend wehende Tuch.
- Im Abschnitt XVIII steht das Wort „Fürsorge", das in unserem heutigen Verständnis etwas Positives bedeutet, bei Lao Tse aber eine Vorstufe für den Verlust von Stärke und Wert der Befürsorgten bedeutet. Dies bezieht sich im besonderen auch auf den Abschnitt XIX, wo Fürsorge und Moralbegriffe als hinderlich für ein natürliches Verhalten dargestellt sind.
- Im Abschnitt XXXI ist in dem Satz „Erlauchte Führer halten sich zurück – wer Gewalt will, geht nach

vorne“ eine sinngemäße Übersetzung für „linke Hand“ – zurück und „rechte Hand“ – nach vorne gewählt worden. Vgl. dazu auch Abschnitt XXXIV, wo „die Linke“ und „die Rechte“ als linke und rechte Gehirnhälfte, als „Fühlen“ und „Denken“, also Intuition und Ratio, übertragen bzw. verstanden wurden.

- Im Abschnitt XLII wurde „bei Yin“ mit „stofflich“ und „nach Yang“ mit „nach der Kraft“ übersetzt, was dem Begriffspaar Materie – Energie an dieser Stelle meines Erachtens hinreichend gerecht wird.
- Im Abschnitt LII erscheint die Sequenz „Schließe die Gänge, sperre die Tore“ unverständlich, wenn dies sowie auch das Gegenteil nur zu einem „Leben ohne Inhalt“ wie auch zu einem „Leben ohne Hoffnung“ führt. Klar wird der Sinn erst, wenn mit dem „Schließen der Gänge“ das Unterbrechen der physischen Sinneswahrnehmung und im „Öffnen der Gänge“ die alleinige Hinwendung zur physischen Sinneswahrnehmung verstanden wird ohne das Hinzufügen der Werte der Intuition und des Instinktes. Dieser Sinn wiederholt sich in Abschnitt LVI.
- Im Abschnitt LX steht „feiner Speisen“, wo im Original „kleiner Fisch“ steht: Unser Verständnis läßt diese Übertragung durchaus zu. Die hernach folgenden „Geister“ sind nicht bösartig, vielmehr als „Kobolde“ zu verstehen.
- Im Abschnitt LXXIX bezieht sich der Passus von „Pflichten und Recht“ ursprünglich auf einen Dar-

lehensvertrag in Form eines Bambusstreifens mit Aufschrift, wovon der abgespaltene linke Teil beim Gläubiger verblieb, der rechte beim Schuldner.

Weitere Erklärungen sind nach meinem Verständnis nicht nur nicht nützlich – sie sind abträglich im Sinne der „Unvoreingenommenheit" des Lao Tse: In keiner Weise darf den Wegen der Gedanken des Lesers mit vorgegebenen Denkmustern ein Hindernis entgegengesetzt oder ein Zwang auferlegt werden.

Ich hoffe, daß der Leser dieses Buches zum Nachdenken über dessen viele Inhalte veranlaßt wird und sich seine eigenen Gedanken machen möge auf den Spuren eines der wahrhaft abstrakt-realen Werke aus der Werkstatt menschlichen Denkens – auch wenn wir im Westen vieles vielmals lesen müssen, um die Gedanken aus der Folge vereinfachter Bilder in die aus gänzlich abstrakten Bildern und sohin Buchstaben und aus diesen wieder in Wortbilder zusammengesetzte Sprache unseres Denkens zu fügen und uns solcherart zugänglich zu machen. Es ist dies zugegeben eine nicht leichte Aufgabe; doch das Entkommen aus den Mühen des Alltages auf dem steinigen Wege wahrhaften Denkens ist während des Weges gleichviel Lohn wie am Ziel. Und dies muß auch so sein, da das Ziel eines eineindeutigen Erkennens der Gedanken des Lao Tse für uns im Westen wohl kaum erreichbar ist.

Unvergänglich und unaufhörlich
scheint es zu bestehen
Sein Wirken ergibt sich ohne Zwang

Lao Tse, Tao Te Ching VI

Lao Tse und Qigong-Atemkunst

von Li Shuhong und Martin Krott

Aus der Zeit des Lao Tse stammt die Qigong-Atemkunst, die von chinesischen Mönchen seit 2500 Jahren als Gesundheitstraining, Heiltherapie und beim Kampfsport geübt wird und auch im Westen immer mehr Anhänger findet. Dem Leser der Sätze des Lao Tse bietet die Qigong-Atemkunst die Möglichkeit, seine Aufnahmefähigkeit für die alten Sprachbilder zu steigern.

Lao Tse und seine Schüler waren sich dessen bewußt, daß das Leben untrennbar mit dem Atmen verbunden ist. Das Leben ist beendet, wenn der Atem aus dem Körper gewichen ist. Solange ein Wesen atmet, ist es am Leben. Es entwickelten sich Methoden, den Atem als eine Art von Energie in den Körper zu leiten und dort zu regeln. Diese mit Meditation und Gymnastik verbundenen Übungen nennt man Qigong, das heißt

„Atemkunst". Beim Kampfsport bewirkt Qigong eine besondere Unempfindlichkeit gegen Druck oder Hitze und hilft, alle Kraft auf einen Punkt zu konzentrieren. In der Heiltherapie können durch Qigong-Atemkunst vielerlei Nervenbahnen aktiviert werden, und Qigong kann auch die Produktion von Antikörpern im Blut steigern. Selbst Lähmungen sind durch Qigong schon geheilt worden.

Die Übungen der Qigong-Atemkunst beginnen mit bewußtem Atmen in einer bestimmten Körperhaltung, verbunden mit dem Meditieren über bestimmte Bilder. Das gezielte Zusammenstimmen dieser drei Elemente – Atem, Körperhaltung, Meditation – führt zu einer Bewußtseinserweiterung und steigert die Aufnahmefähigkeit für die philosophischen Lehrsätze des Lao Tse. „Man hört, ohne zu vernehmen und hat Vorstellungen, aber keine Eindrücke", beschreibt Yan Xin, einer der bekanntesten heute lebenden Meister der Qigong-Atemkunst, den angestrebten geistigen Zustand während der Übungen. Schon die Grundübung des Qigong-Atemkunstprogramms von Yan Xin ist geeignet, den Übenden in einen Zustand tiefer Entspannung mit erhöhter Aufnahmefähigkeit und großer Klarheit zu versetzen. Es wird darum diese Grundübung all jenen Lesern empfohlen, die einen möglichst authentischen Zugang zu den Lehren des Lao Tse suchen.

Die Qigong-Atemkunst-Grundübung nach Yan Xin

Der Übende nimmt beim Sitzen auf einem Stuhl auf dem vorderen Drittel oder Viertel der Sitzfläche Platz. Der Rücken soll die Stuhllehne nicht berühren. Wenn man sich mit dem Rücken anlehnt, kann durch den Druck auf die dort liegenden Akupunkturpunkte die Reaktion behindert werden. Der Stuhlrand übt Druck auf wichtige Akupunkturpunkte am Beinansatz aus, die den normalen Durchfluß des Qi-Atems regeln. Beim Stehen stellt der Übende die Füße in schulterbreite Grätschhaltung mit leicht eingeknickten Knien, wenn der Übende auf dem Boden sitzt, dann mit gekreuzten Beinen.

Der Rücken soll sowohl beim Sitzen als auch beim Stehen aufrecht sein, der Unterleib leicht eingezogen. Dieses Einziehen ist das Wesentliche für eine aufrechte Rückenhaltung, die vorteilhaft für die Entspannung der Wirbelsäule und die Korrektur krankhafter Veränderungen ist. Auch beim Sitzen an einem Tisch kann diese Haltung eingenommen werden, wodurch eine Ermüdung verhindert wird.

Kopf und Nacken sollen gerade gehalten werden, das Kinn ist leicht zurückgezogen. Das Gesicht ist nach vorne gerichtet und etwas gesenkt. Diese Haltung wirkt entspannend auf die Nackenwirbelsäule.

Beide Hände werden auf den Unterleib gelegt, die Handflächen nach oben, übereinander, Daumen nach außen weisend. Bei Männern liegt die linke Hand oben, bei Frauen die rechte, die Finger sind leicht gespreizt und gebogen. Der kleine Finger wird leicht nach unten abgespreizt. Gesunde Menschen können zwischen den Händen den Abstand einer Handbreite einhalten. Es ist wichtig, daß die Schultern entspannt herabhängen, die Ellenbogen gesenkt und die Achseln frei sind. Gesunde Menschen sollen mit den Händen den Bauch nicht berühren. Der menschliche Körper weist Biomagnetismus und Bioelektrizität auf. Durch die beiden einander angenäherten Hände kann das bioelektrische Feld verstärkt werden, alleine schon durch Annäherung der Finger.

Die Lippen berühren sich leicht, die Zähne jedoch nicht. Die Oberseite der Zunge berührt den Gaumen leicht. Dabei sollen Herzkranke die Zunge gerade halten, so daß die Zungenspitze die Wurzeln der unteren Schneidezähne berührt. Wer an Nervosität leidet, rollt dagegen die Zungenspitze nach unten hinten, bis sie die Sehne an der Zungenunterseite berührt. Menschen mit erhöhtem Blutdruck und Übergewicht halten die Zungenspitze in der Mitte der Mundhöhle. Nach einiger Zeit kann es zu Harndrang, Durchfall, Schweißausbrüchen und Appetitlosigkeit kommen. Diese Zungenstellungen, von denen man sich die passende aussuchen kann, sind vorteilhaft, um den Appetit zu regulieren und die Funktionen von Herz und Nieren zu steuern; denn die Lippen hängen mit Milz und

Magen zusammen, und auch Zunge und Herz haben eine besondere Beziehung.
Während der Übungen soll die gewählte Zungenposition nicht verändert werden.
Die Augen sind halb geöffnet, der Blick ist ohne Anstrengung auf die Nasenspitze gerichtet. Allmählich können die Augen ganz geschlossen werden, wenn man gesund ist. Man soll sich vorstellen, daß der Blick von einem Punkt in der Mitte zwischen den Augenbrauen ausgeht und daß ein Lichtstrahl aus diesem Punkt austritt. Die Quelle des Lichts ist der Scheitelpunkt des Kopfes. Während des Tages stellt man sich das Sonnenlicht, in der Nacht das Mondlicht oder das Sternenlicht als durch den Scheitelpunkt in den Kopf eintretend vor, um von dem Punkt zwischen den Augenbrauen auszustrahlen und über die Nase die Handflächen zu erreichen. Von den Handflächen tritt das Licht durch den Nabel wieder in den Körper ein. Man sollte in einen Zustand gelangen, in dem die Wahrnehmung zwar vorhanden ist, aber in den Hintergrund tritt, in dem man zwar hört, aber nicht zuhört. Man soll versuchen, bildliche Vorstellungen in sich zu erwecken und zu fühlen und dabei tief, ruhig und regelmäßig zu atmen. Dabei soll man sich vorstellen, daß sich alle Poren des Körpers im Rhythmus des Atmens öffnen und schließen. Wenn man einatmet, stellt man sich vor und fühlt, wie alle Poren des Körpers sich öffnen. Wenn man ausatmet, stellt man sich vor, wie alle

Poren des Körpers sich schließen. Wenn man krank ist, sollten die Poren offen bleiben und nur am Ende des Ausatmens für einen Moment geschlossen werden. Dann atmet man wieder ein. Man unterstützt das Atmen mit den Poren und benützt die Vorstellungskraft, um den Atem zu regeln. Man atmet lang und tief und versucht, das Ein- und Ausatmen nach und nach zu verlängern. Dann stellt man sich sein eigenes Bild als unbelastetes und frohes Kind im Alter von sechs oder sieben Jahren vor und versucht nachzuempfinden, wie man sich damals fühlte. Man erinnert sich an die Gedanken, Gefühle und Verhaltensweisen, die man als Kind hatte und behält das frohe und reine Lächeln von damals auf dem Gesicht.

Man versenkt sich schrittweise tiefer in diesen Vorgang und versucht in einen Zustand zu gelangen, in dem man hört, aber nicht wirklich hört, in dem man Vorstellungen hat, aber nicht wirkliche Vorstellungen. Man kann sich etwa vorstellen, daß sich im eigenen oder in einem anderen Körper eine Lotosblüte öffnet. Die Lotosblüte ist rein und makellos, obwohl aus dem Schlamm gewachsen. Man vertieft sich in den Gedanken an die Lotosblüte, wie sie sich langsam öffnet und schließt, damit die äußere Welt nicht an einen herankommt. Die Stimmung soll von der Schönheit und Reinheit der Lotosblüte geprägt sein. Eine solche Vorstellung trägt dazu bei, die Seele zur Schönheit und Reinheit zu entwickeln.